Le Culte du Moi — II: Un Homme Libre

Maurice Barrès

LE CULTE DU MOI — II

UN HOMME LIBRE

par

MAURICE BARRÈS

DE L'ACADÉMIE FRANÇAISE

NOUVELLE ÉDITION

PARIS

1912

TABLE

APPENDICE

Pas de veau gras. (Réponse à M. Doumic)

Petite note de l'édition de 1899

PRÉFACE DE L'ÉDITION DE 1904

Ceux qui ne connurent jamais l'ivresse de déplaire ne peuvent imaginer les divines satisfactions de ma vingt-cinquième année: j'ai scandalisé. Des gens se mettaient à cause de mes livres en fureur. Leur sottise me crevait de bonheur.

Sous l'oeil des Barbares *parut en novembre 1887 et l'* Homme libre, *vers Pâques, en 1889. Les maîtres de la grande espèce vivaient encore. Je croisais dans le quartier Latin Taine, Renan et Leconte de Lisle. J'avais vu, de mes yeux vu Hugo. Jour inoubliable, celui où je causais avec Leconte de Lisle et Anatole France dans la bibliothèque du Sénat et qu'un petit vieillard vigoureux—c'était le Père, c'était l'Empereur, c'était Victor Hugo—nous rejoignit! Je mourrai sans avoir rien vu qui m'importe davantage. Ah! si, quelque jour, je pouvais mériter que l'Histoire acceptât ce groupe de quatre âges littéraires! Ainsi quand j'étais jeune, il y avait encore des dieux. Mais une pensée tout acilic faisait recette auprès du public. On prenait la grossièreté pour de la force, l'obscénité pour de la passion et des tableaux en trompe-l'oeil pour des pages «grouillantes de vie». Autant de raisons pour qu'un petit livre d'analyse ne fût peint remarqué. Et puis l'*Homme libre *était peu compréhensible.*

Croyez-vous donc que j'eusse voulu être entendu de n'importe qui? J'écrivais pour mettre de l'ordre en moi-même et pour me délivrer, car on ne pense, ce qui s'appelle penser, que la plume à la main. Mais le premier venu allait-il pencher sa tête, par-dessus mon épaule, sur mon papier?—«Fi, Monsieur! m'écriai-je, moyennant 3 fr. 50, vous voudriez connaître mes plus délicates complications.

Faites d'abord des études préliminaires ou plutôt adressez-vous ailleurs, car rien ne m'assure que vous soyez né pour que nous causions ensemble.»

Cette disposition méprisante a ses inconvénients. J'ai créé un préjugé contre mes livres. Pendant une dizaine d'années, il y eut sur l'Egotisme de M. Barrès, sur le Moi *de M. Barrès les plus sots jugements, et il semblait presque impossible que je tes surmontasse. En effet, il n'a fallu rien moins qu'une guerre civile.*

Verdi répétait souvent: «Nous autres artistes, nous n'arrivons à la célébrité que par la calomnie.» Je ne suis ni célèbre ni calomnié, mais on a travesti mes thèses. Quand j'eus bien ri de ces malentendus, ils me donnèrent de l'ennui. J'ai eu le dégoût d'entendre un ministre de l'instruction publique amuser la Chambre avec des plaisanteries sur le Moi de M. Barrès. Ce problème de l'individualisme qui passionne nos députés quand on le leur pose sous la forme concrète d'une marmite à renversement (Vaillant) ne leur parut in abstracto qu'un phénomène de prétention littéraire. Jamais M. Charles Dupuy, qui a beaucoup de bonhomie à la Sarcey, ne me parut mieux en verve. Je n'y reviens point pour raviver l'ennui des discordes passées, mais pour marquer comment je connus mon erreur. Cette après-midi me montra clairement que pour agir sur des intelligences la sincérité ne suffit pas.

J'ai péché contre ma pensée, par trop de scrupule. J'ai craint d'introduire mon didactisme en supplément aux faits; je me suis abstenu de me régler, de me mettre au point, j'ai voulu me produire tout nûment. Je voyais s'éveiller mes groupes de sensations, je les notais, je les décrivais, j'acceptais ma spontanéité. J'oubliais qu'il s'agit de créer un rapport entre l'auteur et le lecteur, et qu'ainsi le plus probe philosophe doit se préoccuper de l'effet à produire. J'avais une tendance à conduire au grand jour tout ce que je trouvais dans mon âme, car tout cela voulait intensément vivre; or il y a, dans ma conscience un moqueur, qui surveille mes expériences les plus sincères et qui rit quand je patauge. Mes premiers livres ne dissimulent pas suffisamment ce rire. Si Jouffroy, dans sa fameuse nuit, avait été capable de ce dédoublement, et s'il avait mêlé à son chant pathétique les railleries de son surveillant intérieur, il aurait déconcerté.

Mes aînés, Anatole France et Jules Lemaître, me comblaient; ils m'ont, dès la première minute, traité avec une grande générosité, mais ils prétendaient que je fusse un ironiste. Ils ne voyaient pas que je voulais prouver quelque chose et que l'ironie n'était qu'un de mes moyens. Ces grands navigateurs, n'ayant pas encore jeté l'ancre, n'admettaient pas que mes inquiétudes différassent de leur curiosité. Peut-être M. Paul Desjardins résumait-il l'opinion moyenne des gens de lettres autorisés dans une phrase qui me troublait par un mélange de justesse et d'injustice. «Cet adolescent, disait le critique des Débats, cet adolescent, si merveilleusement doué pour le style, a trouvé le moule de phrases le plus savoureux et le plus plaisant; par malheur, il s'est égaré dans son propre dandysme et il lui est arrivé, ce qui n'est pas rare, qu'il n'a plus su lui-même si ce qu'il disait était sérieux ou non. C'est un mélange extraordinaire de sincérité naïve et d'ironie très serrée.... Il a voulu prendre le monde pour jouet et il est lui-même le jouet de sa cadence verbale. Il n'est pas du tout sûr de lui sous son air imperturbable....[1]»

Je l'ai dit ailleurs déjà[2], je n allai point droit sur la vérité comme une flèche sur la cible. L'oiseau plane d'abord et s'oriente; les arbres pour s'élever étagent leurs ramures; toute pensée procède par étapes. Je vivais dans une crise perpétuelle; ma pensée était, que dis-je! elle est encore une chose vivante, la forme de mon âme. Qu'est-ce que mon oeuvre? Ma personne toute vive emprisonnée. La cage en fer d'une des bêtes du Jardin des Plantes.

A la date où j'écris cette préface, je viens d'entreprendre les Bastions de l'Est: *ils ne sont en moi qu'une vaste sensibilité. Qu'en tirera ma raison? En 1890, au lendemain de l'* Homme libre, *je sentais mon abondance, je ne me possédais pas comme un être intelligible et cerné. C'est la règle de toute production artistique. L'on ne délibère guère sur les ouvrages qu'on écrira; on se surprend à les avoir déjà vécus, quand on se demande si on les approuve. C'est par plénitude, par nécessité et de la manière la plus irréfléchie que se produisent les germes qui, bien soignés, deviendront de grandes oeuvres droites. Magnifique geste d'une mère qui prend son fils aux mains de l'accoucheuse et le regarde. Elle l'a mis au monde et ne le connaît point.*

Mais pourquoi chercher tant de raisons à ce refus de me comprendre que j'ai subi durant douze années? C'est bien simple: nous ne conquérons jamais ceux qui nous précèdent dans la vie. En vain nous prêtent-ils du talent, nous ne pouvons pas les émouvoir. A vingt ans, une fois pour toutes, ils se sont choisi leurs poètes et leurs philosophes. Un écrivain ne se crée un public sérieux que parmi les gens de son âge ou, mieux encore, parmi ceux qui le suivent.

Les jeunes gens me dédommageaient. Ils se répétaient la dernière page des Barbares: *«0 mon maître... je te supplie que par une suprême tutelle, tu me choisisses le sentier où s'accomplira ma destinée... Toi seul, ô maître, si tu existes quelque part, axiome, religion ou prince des hommes.» Ils distinguaient dans l'* Homme libre *des forces d'enthousiasme. Ils virent que je cherchais une raison de vivre et une discipline. Ils s'intéressèrent passionnément à une recherche qu'eux-mêmes eussent voulu entreprendre. Ce petit livre produisit dans certains jeunes esprits une agitation singulière. On m'a raconté qu'au Conseil supérieur de l'instruction publique, vers 1890, M. Gréard exprima le regret que je fusse avec Verlaine l'auteur le plus lu par nos rhétoriciens et nos philosophes de Paris. A cet époque on disputait s'il fallait être barrésiste ou barrésien. Charles Maurras tient pour barrésien. La* Revue indépendante *avait publié de M. Camille Mauclair une sorte de manifeste sur le barrésisme. Un sage aurait, dès ce début, discerné chez les tenants du «culte du Moi» des formations très diverses; mais nous avions en commun le plus bel élan de jeunesse. Nous nous groupâmes tous, mistraliens, proudhoniens, jeunes juifs, néo-catholiques et socialistes dans la fameuse* Cocarde. *Du 1ᵉʳ septembre 1894 à mars 1895, ce journal fut un magnifique excitateur de l'intelligence. Je n'ai jamais fini de rire quand je pense que cette équipe bariolée travailla aux fondations du nationalisme, et non point seulement du nationalisme politique mais d'un large classicisme français. Parfaitement, Fournière, Henri Bérenger, Camille Mauclair étaient avec nous. Il y avait un malentendu. On le vit quand parurent les* Déracinés, *qui, peu avant une crise publique trop retentissante, obligèrent de choisir entre le point de vue intellectuel et le traditionalisme.*

*En 1897, le désarroi des amis que l'*Homme libre *m'avait faits fut extrême. Beaucoup de jeunes groupements m'envoyèrent leur P.P.C. J'ai gardé une lettre privée, à la fois touchante et singulière, de la* Revue blanche. *C'était l'époque héroïque. Le fameux M. Herr, bibliothécaire de l'École normale, un Alsacien et un apôtre (c'est vous dire deux fois qu'il ne manque pas de vivacité), se chargea de formuler une excommunication. Ce philosophe qui vaudrait davantage s'il était un peu plus d'Obernai me reprocha d'être de Charmes. Il se glorifie d'être le fils des livres et me méprise d'être le fils de mon petit pays. Je le félicite tout au moins de poser ainsi le problème. Oui, l'homme libre venait de distinguer et d'accepter son déterminisme.*

Il y a, dans la préface du Disciple, *une page de grand effet. Bourget s'adresse «aux jeunes gens de 1889» pour les inviter «à se méfier du nihiliste struggleforlifer cynique et volontiers jovial» et du «nihiliste* délicat». «Celui-ci, dit-il, a toutes les aristocraties des nerfs, toutes celle de l'esprit... c'est un épicurien intellectuel et raffiné.... Ce nihiliste délicat, comme il est effrayant à rencontrer et comme il abonde! A vingt-cinq ans, il a fait le tour de toutes les idées. Son esprit critique, précocement éveillé, a compris les résultats derniers des plus subtiles philosophies de cet âge. Ne lui parle pas d'impiété, de matérialisme. Il sait que le mot matière n'a pas de sens précis, et il est, d'autre part, trop intelligent pour ne pas admettre que toutes les religions ont pu être légitimes à leur heure. Seulement il n'a jamais cru, il ne croira jamais à aucune, pas plus qu'il ne croira jamais à quoi que ce soit, sinon au jeu de son esprit qu'il a transformé en un outil de perversité élégante. Le bien et le mal, la beauté et la laideur, les vices et les vertus lui paraissent des objets de simple curiosité. L'âme humaine tout entière est, pour lui, un mécanisme savant et dont le démontage l'intéresse comme un objet d'expérience. Pour lui, rien n'est vrai, rien n'est faux, rien n'est moral, rien n'est immoral. C'est un égoïste subtil et raffiné dont toute l'ambition, comme l'a dit un remarquable analyste, Maurice Barrès, dans son beau roman de l'Homme libre,—ce chef-d'oeuvre d'ironie auquel il manque seulement une conclusion,—consiste à «adorer son moi», à le parer de sensations nouvelles.»

Oui, l'Homme libre racontait une recherche sans donner de résultat, mais, cette conclusion suspendue, les Déracinés la fournissent. Dans les Déracinés, l'homme libre distingue et accepte son déterminisme. Un candidat au nihilisme poursuit son apprentissage, et, d'analyse en analyse, il éprouve le néant du Moi, jusqu'à prendre le sens social. La tradition retrouvée par l'analyse du moi, c'est la moralité que renfermait l'Homme libre, que Bourget réclamait et qu'allait prouver le roman de l' Énergie nationale.

Je ne permets qu'à des catholiques les diatribes contre l'égotisme. Si vous n'êtes pas un croyant, d'où prenez-vous vôtres point de vue pour flétrir l'individualisme? Au reste, d'une manière générale, il serait détestable que nous pussions contraindre des êtres en formation. Souvent leurs maladies préparent leur santé. Ce fier et vif sentiment du Moi que décrit Un Homme libre, c'est un instant nécessaire, dans la série des mouvements, par où un jeune homme s'oriente pour recueillir et puis transmettre les trésors de sa lignée.

Un moi qui ne subit pas, voilà le héros de notre petit livre. Ne point subir! C'est le salut, quand nous sommes pressés par une société anarchique, où la multitude des doctrines ne laisse plus aucune discipline et quand, par-dessus nos frontières, les flots puissants de l'étranger viennent, sur les champs paternels, nous étourdir et nous entraîner. L'Homme libre n'a point fourni aux jeunes gens une connaissance nette de leur véritable tradition, mais il les pressait de se dégager et de retrouver leur filiation propre.

Si je ne subis pas, est-ce à dire que je n'acquière point? J'eus mes victoires et mes conquêtes en Espagne et en Italie; nos défaites sur le Rhin contribuèrent à ma formation; c'est d'un Disraeli que j'ai reçu peut-être ma vue principale, à savoir que, le jour où les démocrates trahissent les intérêts et la véritable tradition du pays, il y a lieu de poursuivre la transformation du parti aristocratique, pour lui confier à la fois l'amélioration sociale et les grandes ambitions nationales. Si nous dressions la liste de nos bienfaiteurs, elle serait plus longue que celle de Marc-Aurèle. Nous ne sommes point fermés à l'univers. Il nous enrichit. Mais nous sommes une plante qui choisit, et transforme ses aliments.

J'ai marqué ailleurs, comment un premier travail de mes idées n'est, tout au fond, que d'avoir reconnu d'une manière sensible que le moi individuel était supporté et nourri par la société. Sur cette étape je ne reviendrai pas, mais on veut élargir ici le raisonnement, et, d'une évolution instinctive, faire une méthode française.

A mon sens, on n'a pas dit grand'chose quand on a dit que l'individualisme est mauvais. Le Français est individualiste, voilà un fait. Et de quelque manière qu'on le qualifie, ce fait subsiste. Toutes les fortes critiques que nous accumulons contre la Déclaration des Droits de l'homme n'empêchent point que ce catéchisme de l'individualisme a été formulé dans notre pays. Dans notre pays et non ailleurs! Et ce phénomène (qu'aucun historien jusqu'à cette heure n'a rendu compréhensible) marque en traits de jeu combien notre nation est prédisposée à l'individualisme. La juste horreur que nous inspire le Robert Greslou de Bourget n'empêche point que quelques-unes des précieuses qualités de nos jeunes gens viennent, comme leurs graves défauts, de ce qu'ils sont des êtres qui ne s'agrègent point naturellement en troupeau.

Si je ne m'abuse, l'Homme libre, complété par les Déracinés, est utile aux jeunes Français, en ce qu'il accorde avec le bien général des dispositions certaines qui les eussent aisément jetés dans un nihilisme funèbre.

Je ne me suis jamais interrompu de plaider pour l'individu, alors même que je semblais le plus l'humilier. Une de mes thèses favorites est de réclamer que l'éducation ne soit pas départie aux enfants sans égard pour leur individualité propre. Je voudrais qu'on respectât leur préparation familiale et terrienne. J'ai dénoncé l'esprit de conquérant et de millénaire d'un Bouteiller qui tombe sur les populations indigènes comme un administrateur despotique doublé d'un apôtre fanatique; j'ai marqué pourquoi le kantisme, qui est la religion officielle de l'Université, déracine les esprits. Si l'on veut bien y réfléchir, ce ne sera pas une petite chose qu'un traditionaliste soit demeuré attentif aux nuances de l'individu. Aussi bien je ne pouvais pas les négliger, puisque je voulais décrire une certaine sensibilité française et surtout agir sur des Français. Mon mérite est d'avoir tiré de l'individualisme même ces grands principes de subordination que la plupart des étrangers possèdent instinctivement ou trouvent dans leur religion. Les jeunes Français croient en eux-mêmes; ils jugent de toutes choses par rapport à leur personne. Ailleurs, il y a le loyalisme; chez nous, c'est l'honneur, l'honneur du nom qui fait notre principal ressort. Mes contemporains ne m'eussent pas écouté si j'avais pris mon point de départ ailleurs que du Moi.

Au milieu d'un océan et d'un sombre mystère de vagues qui me pressent, je me tiens à ma conception historique, comme un naufragé à sa barque. Je ne touche pas à l'énigme du commencement des choses, ni à la douloureuse énigme de la fin de toutes choses. Je me cramponne à ma courte solidité. Je me place dans une collectivité un peu plus longue que mon individu; je m'invente une destination un peu plus raisonnable que ma chétive carrière. A force d'humiliations, ma pensée, d'abord si fière d'être libre, arrive à constater sa dépendance de cette terre et de ces morts qui, bien avant que je naquisse, l'ont commandée jusque dans ses nuances....

Tandis que je crois causer ici avec quelques milliers de fidèles lecteurs, il est possible qu'un étranger s'approche de notre cercle et que, jetant les yeux sur cette préface, il s'étonne. En effet, pour tout le monde, à vingt ans, la grande affaire c'est de vivre, mais bien peu se préoccupent de trouver le fondement philosophique de leur activité. Nos soucis ennuyent tout naturellement celui qui ne les partage pas. Là-dessus, je n'ai rien à répondre. D'autres personnes semblent craindre que le goût de la réflexion ne dénature et ne comprime la naïveté de nos impressions sensuelles ou proprement artistiques. Eh bien! l'art pour nous, ce serait d'exciter, d'émouvoir l'être profond par la justesse des cadences, mais en même temps de le persuader par la force de la doctrine. Oui, l'art d'écrire doit contenter ce double besoin de musique et de géométrie que nous portons, à la française, dans une âme bien faite.... Ah! mon Dieu! ce pauvre petit livre, qu'il est loin de satisfaire à cette magnifique ambition! Il a du moins de la jeunesse, de la fierté sans aucun théâtral et ne rétrécit pas le coeur.

Juillet 1904.

DÉDICACE

A QUELQUES COLLÉGIENS

DE PARIS ET DE LA PROVINCE

J'OFFRE CE LIVRE

J'écris pour les enfants et les tout jeunes gens. Si je contentais les grandes personnes, j'en aurais de la vanité, mais il n'est guère utile qu'elles me lisent. Elles ont fait d'elles-mêmes les expériences que je vais noter, elles ont systématisé leur vie, ou bien elles ne sont pas nées pour m'entendre. Dans l'un et l'autre cas, cette lecture leur sera superflue.

Les collégiens sont à peu près les seuls êtres qu'on puisse plaindre. Encore la moitié d'entre eux sont-ils des petits goujats qui empoisonnent la vie de leurs camarades. Nous autres adultes, nous nous isolons, nous nous distrayons selon le système qui nous paraît convenable. Au collège, ils sont soumis à une discipline qu'ils n'ont pas choisie: cela est abominable. J'ai relevé avec piété, depuis six à sept ans, les noms des enfants qui se sont suicidés. C'est une longue liste que je n'ose pas publier. J'aurais aimé dédier à leur mémoire ce petit livre, mais il m'a paru que j'irais contre leurs intentions, en répandant leurs noms dans la vie.

S'ils m'avaient lu, je crois qu'ils n'auraient pas pris une résolution aussi extrême. Ces âmes délicates et paresseuses étaient évidemment mal renseignées. Elles crurent qu'il y a du sérieux au monde. Elles attachaient de l'importance à cinq ou six choses: en ayant éprouvé du désagrément, elles reculèrent hors de la vie. L'essentiel est de se convaincre qu'il n'y a que des manières de voir, que chacune d'elles contredit l'autre, et que nous pouvons, avec un peu d'habileté, les avoir toutes sur un même objet. Ainsi nous amoindrissons nos mortifications à penser quelles sont causées par rien du tout, et nous arrivons à souffrir très peu.

Parce qu'il détaille ces principes et les illustre de petits exemples empruntés à l'ordinaire de l'existence, mon livre, je crois, est appelé à rendre service.

Quelques amis que j'ai dans la politique m'ont affirmé qu'aux siècles derniers les esprits de notre race, je veux dire les esprits religieux, se plaisaient déjà à faire des prosélytes. Ils enfermaient parfois les esprits épais dans une chambre de fer chauffée au rouge. Le matérialiste en était réduit à sauter précipitamment sur l'un et l'autre pied, jusqu'à ce qu'il eût modifié sa conception de l'univers. C'est ainsi que la Providence en agit encore aujourd'hui pour nous rendre idéalistes. Notre sentiment élevé du problème de la vie est fait de notre inquiétude perpétuelle. Nous ne savons sur quel pied danser.

Dans cette disgrâce je goûte un plaisir réel. Chercher continuellement la paix et le bonheur, avec la conviction qu'on ne les trouvera jamais, c'est toute la solution que je propose. Il faut mettre sa félicité dans les expériences qu'on institue, et non dans les résultats qu'elles semblent promettre. Amusons-nous aux moyens, sans souci du but. Nous échapperons ainsi au malaise habituel des enfants honorables, qui est dans la disproportion entre l'objet qu'ils rêvaient et celui qu'ils atteignent.

Jérôme Paturot désirait un peu vivement une position sociale. C'est d'une petite âme. Il eût été plus heureux s'il avait suivi ma méthode, s'égayant de ses recherches et n'attachant jamais la moindre importance aux buts qu'il poursuivait! Il eut de curieuses aventures: il n'y prit pas de plaisir. C'est faute d'avoir possédé ma philosophie. Je vais parmi les hommes, le coeur défiant et la bouche dégoûtée; j'hésite perpétuellement entre les rêves de Paturot et ceux des mystiques: les uns et les autres comme moi s'agitent, parce que l'ordinaire de la vie ne peut les satisfaire. Mais j'ai souvent pensé qu'entre tous, Ignace de Loyola avait montré le plus de génie, et je le dis le prince des psychologues, parce qu'il déclare à la dernière ligne de ses Exercices spirituels, *ou suite de mécaniques pour donner la paix à l'âme:* «Et maintenant le fidèle n'a plus qu'à recommencer.»

Cela est admirable. Vous travaillez depuis des mois à trouver le bonheur, vous pensez l'avoir enfin conquis; c'est quand vous le désiriez si fort que vous l'avez le plus approché; recommencez maintenant! Faisons des rêves chaque matin, et avec une extrême énergie, mais sachons qu'ils n aboutiront *pas. Soyons ardents et sceptiques. C'est très facile avec le joli tempérament que nous avons tous aujourd'hui.*

Cette méthode, je l'ai exposée et justifiée, je crois, dans la fiction qu'on va lire. Il m'aurait plu de la ramasser dans quelque symbole, de l'accentuer dans vingt-cinq feuillets très savants, très obscurs et un peu tristes; mais soucieux uniquement de rendre service aux collégiens que j'aime, je m'en tiens à la forme la plus enfantine qu'on puisse imaginer d'un journal.

LIVRE PREMIER

EN ÉTAT DE GRACE

CHAPITRE I

LA JOURNÉE DE JERSEY

Je suis allé à Jersey avec mon ami Simon. Je l'ai connu bébé, quand je l'étais moi-même, dans le sable de sa grand'mère, où déjà nous bâtissions des châteaux. Mais nous ne fûmes intimes qu'à notre majorité. Je me rappelle le soir où, place de l'Opéra, vers neuf heures, tous deux en frac de soirée, nous nous trouvâmes: je m'aperçus, avec un frisson de joie contenue, que nous avions en commun des préjugés, un vocabulaire et des dédains.

Nous nous sommes inscrits à l'école de M. Boutmy, rue Saint-Guillaume. Mais voyais-je Simon trois mois par année? Il était mondain à Londres et à Paris, puis se refaisait à la campagne. Il passe pour excentrique, parce qu'il a de l'imprévu dans ses déterminations et des gestes heurtés. C'est un garçon très nerveux et systématique, d'aspect glacial. «Mérimée, me disait-il, est estimable à cause des gens qui le détestent, mais bien haïssable à cause de ceux qu'il satisfait.»

Simon, qui ne tient pas à plaire, aime toutefois à paraître, et cela blesse généralement. Très jeune, il était faiseur; aujourd'hui encore, il se met dans des embarras d'argent. C'est un travers bien profond, puisque moi-même, pour l'en confesser, je prends des précautions; pourtant notre délice, le secret de notre liaison, est de nous analyser avec minutie, et si nous tenons très haut notre intelligence, nous flattons peu notre caractère.

Sa dépense et son souci de la bonne tenue le réduisent à de longs séjours dans la propriété de sa famille sur la Loire. La cuisine y est intelligente, ses parents l'affectionnent; mais, faute de femmes et de secousses intellectuelles, il s'y ennuie par les chaudes après-midi. Je note pourtant qu'il me disait un jour: «J'adore la terre, les vastes champs d'un seul tenant et dont je serais propriétaire; écraser du talon une motte en lançant un petit jet de salive, les deux mains à fond dans les poches, voilà une sensation saine et orgueilleuse.»

L'observation me parut admirable, car je ne soupçonnais guère cette sorte de sensibilité. Voilà huit ans que, *pour être moi*, j'ai besoin d'une société exceptionnelle, d'exaltation continue et de mille petites amertumes. Tout ce qui est facile, les rires, la bonne honorabilité, les conversations oiseuses me font jaunir et bâiller. Je suis entré dans le monde du Palais, de la littérature et de la politique sans certitudes, mais avec des émotions violentes, ayant lu Stendhal et très clairvoyant de naissance. Je puis dire, qu'en six mois, je fis un long chemin. J'observais mal l'hygiène, je me dégoûtai, je partis; puis je revins, ayant bu du quinquina et adorant Renan. Je dus encore m'absenter; les larmoiements idéalistes cédèrent aux petits faits de Sainte-Beuve. En 86, je pris du bromure; je ne pensais plus qu'à moi-même. Dyspepsique, un peu hypocondriaque, j'appris avec plaisir que Simon souffrait de coliques néphrétiques. De plus, il n'estime au monde que M. Cokson, qui a trois yachts, et, dans les lettres, il n'admet que Chateaubriand au congrès de Vérone: ce qui plaît à mon dégoût universel. Enfin à Paris, quand nous déjeunons ensemble, il a le courage de me dire vers les deux heures: «Je vous quitte»; puis, s'il fume immodérément, du moins blâme-t-il les excès de tabac. Ces deux points m'agréent spécialement, car moi, je demeure sans défense contre des jeunes gens résolus qui m'accaparent et m'imposent leur grossière hygiène.

C'est dans quelques promenades de santé, coupées de fraîches pâtisseries au rond-point de l'Étoile, que je touchai les pensées intimes de Simon, et que je découvris en lui cette sensibilité, peu poussée mais très complète, qui me ravit, bien qu'elle manque d'âpreté.

Nous décidâmes de passer ensemble les mois d'été à Jersey.

Cette villégiature est méprisable: mauvais cigares, fadeur des pâturages suisses, médiocrités du bonheur.

Nous eûmes la faiblesse d'emmener avec nous nos maîtresses. Et leur vulgarité nous donnait un malaise dans les petits wagons jersiais bondés de gentilles misses.

A Paris, nos amies faisaient un appareillage très distingué: belles femmes, jolis teints; ici, rapidement engraissées, elles se congestionnèrent. Elles riaient avec bruit et marchaient sottement, ayant les pieds meurtris. Dans notre monotone chalet, au bord de la grève, le soir, elles protestaient avec une sorte de pitié contre nos analyses et déductions, qu'elles déclaraient des niaiseries (à cause que nous avons l'habitude de remonter jusqu'à un principe évident) et inconvenantes (parce que nous rivalisons de sincérité froide).

Ah! ces homards de digestion si lente, dont nous souffrîmes, Simon et moi, durant les longues après-midi de soleil, en face de l'Océan qui fait mal aux yeux! Ah! ce thé dont nous abusâmes par engouement!

Un soir, au casino, nous rencontrâmes cinq camarades qui avaient bien dîné et qui riaient comme de grossiers enfants. Ils se réjouissaient à citer le nom familial de tel commerçant de la localité, et patoisaient à la jersiaise. Ils invitèrent le capitaine du bâtiment de *Granville-Jersey* à boire de l'alcool, puis ils parlèrent de la territoriale.

Ils furent cordiaux; nos femmes leur plurent; Simon n'ouvrit pas la bouche. Moi, par urbanité, je tâchais de rire à chaque fois qu'ils riaient.

Avant de nous coucher, mon ami et moi, seuls sur le petit chemin, près de la plage où se reflétait l'immense fenêtre brutalement éclairée de notre salon, dans la vaste rumeur des flots noirs, nous goûtâmes une réelle satisfaction à épiloguer sur la vulgarité des gens, ou du moins sur notre impuissance à les supporter.

«O *moi*, disions-nous l'un et l'autre, *Moi*, cher enfant que je crée chaque jour, pardonne-nous ces fréquentations misérables dont nous ne savons t'épargner l'énervement.»

A déjeuner, le lendemain, Simon, qui est très dépensier, mais que les gaspillages d'autrui désobligent, fit remarquer à son amie qu'elle mangeait gloutonnement. Déjà le même défaut de tenue m'avait choqué chez ma maîtresse, et je pris texte de l'occasion pour faire une courte morale. Elles s'emportèrent, et tous deux, par des clignements d'yeux, nous nous signalions leur grossièreté.

Vers deux heures, tandis qu'elles allaient dans les magasins, une voiture nous conduisit jusqu'à la baie de Saint-Ouen.

Nous eûmes d'abord la sensation joyeuse de voir, pour la première fois, cette plage étroite et furieuse, et nous nous assîmes auprès de l'écume des lames brisées. Puis une tasse de thé nous raffermit l'estomac. Nous étions bien servis, par un temps tiède, sur la façade nette d'un hôtel très neuf, parmi cinq ou six groupes élégants et modérés. Je surveillais le visage de Simon; à la troisième gorgée je vis sa gravité se détendre. Moi-même je me sentais dispos.

—N'est-ce pas, lui dis-je, la première minute agréable que nous trouvons à Jersey? Il n'était pourtant pas difficile de nous organiser ainsi. Quoi en effet? un joli temps (c'est la saison), de l'inconnu (le monde en est plein), une tasse de thé qui encourage notre cerveau (1 fr. 50).

—Tu oublies, me dit-il, deux autres plaisirs: l'analyse que nous fîmes, hier soir, de notre ennui, et l'éclair de ce matin, à table, quand nous nous sommes surpris à souffrir, l'un et l'autre, de l'impudeur de leurs appétits.

—Arrête! m'écriai-je, car j'entrevois une piste de pensée.

Et, riant de la joie d'avoir un thème à méditer, nous courûmes nous installer sur un rocher en face de l'Océan salé. Au bout d'une heure, nous avions abouti aux principes suivants, que je copiai le soir même avant de m'endormir:

PREMIER PRINCIPE: *Nous ne sommes jamais si heureux que dans l'exaltation.*

DEUXIÈME PRINCIPE: *Ce qui augmente beaucoup le plaisir de l'exaltation, c'est de l'analyser.*

La plus faible sensation atteint à nous fournir une joie considérable, si nous en exposons le détail à quelqu'un qui nous comprend à demi-mot. Et les émotions humiliantes elles-mêmes, ainsi transformées en matière de pensée, peuvent devenir voluptueuses.

CONSÉQUENCE: *Il faut sentir le plus possible en analysant le plus possible.*

Je remarque que, pour analyser avec conscience et avec joie mes sensations, il me faut à l'ordinaire un compagnon.

Je me rappelle les détails et toute la physionomie de cette longue séance que nous fîmes, couchés dans la brise purifiante et virile de l'Océan. Nos intelligences étaient lucides, tonifiées par le bel air, soutenues par le thé. J'ajouterai même que Simon s'éloigna un instant sous les roches fraîches, ce dont je le félicitai, en l'enviant, car la nourriture et l'air des plages entravaient fort la régularité de nos digestions, où nous nous montrâmes toujours capricieux.

Le même soir, vers onze heures, réunis auprès de nos femmes dans le petit salon de notre frêle villa, je disais à Simon, avec la franchise un peu choquante des heures de nuit:

—Je t'avouerai que souvent je songeai à entrer en religion pour avoir une vie tracée et aucune responsabilité de moi sur moi. Enfermé dans ma cellule, résigné à l'irréparable, je cultiverais et pousserais au paroxysme certains dons d'enthousiasme et d'amertume que je possède et qui sont mes délices. Je fus détourné de ce cher projet par la nécessité d'être extrêmement énergique pour l'exécuter. Même je me suis arrêté de souhaiter franchement cette vie, car j'ai soupçonné qu'elle deviendrait vite une habitude et remplie de mesquineries: rires de séminaristes, contacts de compagnons que je n'aurais pas choisis et parmi lesquels je serais la minorité.

Nos femmes, en m'entendant, se mirent à blasphémer, par esprit d'opposition, et à se frapper le front, pour signifier que je déraisonnais.

—C'est étrange, répondit Simon, que je ne t'aie pas connu ce goût pendant des années. Je pensais: il est aimable, actif, changeant, toutes les vertus de Paris, mais il ne sent rien hors de cette ville. Moi, c'est la campagne, des chiens, une pipe et les notions abondantes et froides de Spencer à débrouiller pendant six mois.

—Erreur! lui dis-je, tu t'y ennuyais. Nous avons l'un et l'autre vêtu un personnage. J'affectai en tous lieux, d'être pareil aux autres, et je ne m'interrompis jamais de les dédaigner secrètement. Ce me fut toujours une torture d'avoir la physionomie mobile et les yeux expressifs. Si tu me vis, sous l'oeil des barbares, me prêter à vingt groupes bruyants et divers, c'était pour qu'on me laissât le répit de me construire une vision personnelle de l'univers, quelque rêve à ma taille, où me réfugier, moi, homme libre.

Ainsi revenions-nous à nos principes de l'après-midi, et à convenir que nous avons été créés pour analyser nos sensations, et pour en ressentir le plus grand nombre possible qui soient exaltées et subtiles. J'entrai dans la vie avec ce double besoin. Notre vertu la moins contestable, c'est d'être clairvoyants, et nous sommes en même temps ardents avec délire. Chez nous, l'apaisement n'est que débilité; il a toute la tristesse du malade qui tourne la tête contre le mur.

Nous possédons là un don bien rare de noter les modifications de notre moi, avant que les frissons se soient effacés sur notre épiderme. Quand on a l'honneur d'être, à un pareil degré, passionné et réfléchi, il faut soigner en soi une particularité aussi piquante. Raffinons soigneusement de sensibilité et d'analyse. La besogne sera aisée, car nos besoins, à mesure que nous les satisfaisons, croissent en exigences et en délicatesses, et seule, cette méthode saura nous faire toucher le bonheur.

C'est ainsi que Simon et moi, par emballement, par oisiveté, nous décidâmes de tenter l'expérience.

Courons à la solitude! Soyons des nouveau-nés! Dépouillés de nos attitudes, oublieux de nos vanités et de tout ce qui n'est pas notre âme, véritables libérés, nous créerons une atmosphère neuve, où nous embellir par de sagaces expérimentations.

Dès lors, nous vécûmes dans le lendemain; et chacune de nos réflexions accroissait notre enivrement. «Désormais nous aurons un coeur ardent et satisfait», nous affirmions-nous l'un à l'autre sur la plage, car nous avions sagement décidé de procéder par affirmation. «Cette sole est très fraîche...; votre maîtresse, délicieuse...» me disait jadis un compagnon d'ailleurs médiocre, et grâce à son ton péremptoire la sauce passait légère, je jouissais des biens de la vie.

Dans la liste qu'une agence nous fit tenir, nous choisîmes, pour la louer, une maison de maître, avec vaste jardin planté en bois et en vignes, sise dans un canton délaissé, à cinq kilomètres de la voie ferrée, sur les confins des départements de Meurthe-et-Moselle et des Vosges. Originaires nous-mêmes de ces pays, nous comptions n'y être distraits ni par le ciel, ni par les plaisirs, ni par les moeurs. Puis nous n'y connaissions personne, dont la gentillesse pût nous détourner de notre généreux égotisme.

C'est alors que, corrects une suprême fois envers nos tristes amies, qui furent tour à tour ironiques et émues, nous passâmes à Paris liquider nos appartements et notre situation sociale. Nous sortîmes de la grande ville avec la joie un peu nerveuse du portefaix qui vient de délivrer ses épaules d'une charge très lourde. Nous nous étions débarrassés du siècle.

Dans le train qui nous emporta vers notre retraite de Saint-Germain, par Bayon (Meurthe-et-Moselle), nous méditions le chapitre xx du livre Ier de l'*Imitation,* qui traite «De l'amour de la solitude et du silence». Et pour nous délasser de la prodigieuse sensibilité de ce vieux moine, nous établissions notre budget (14.000 francs de rente). Malgré que l'odeur de la houille et les visages des voyageurs, toujours, me bouleversent l'estomac, l'avenir me paraissait désirable.

CHAPITRE II

MÉDITATION SUR LA JOURNÉE DE JERSEY

Cette journée de Jersey fut puérile en plus d'un instant, et pas très nette pour moi-même. Comment accommoder cette haine mystique du monde et cet amour de l'agitation qui me possèdent également! C'est à Jersey pourtant, nerveux qui chicanions au bord de l'Océan, que j'approchai le plus d'un état héroïque. Je tendais a me dégager de moi-même. L'amour de Dieu soulevait ma poitrine.

Je dis Dieu, car de l'éclosion confuse qui se fit alors en mon imagination, rien n'approche autant que l'ardeur d'une jeune femme, chercheuse et comblée, lasse du monde qu'elle ne saurait quitter et qui, dévote, s'agenouille en vous invoquant, Marie Vierge et Christ Dieu! Ces créatures-là, puisqu'elles nous troublent, ne sont pas parfaites, mais la civilisation ne produit rien de plus intéressant. Les vieux mots qui leur sont familiers embelliront notre malaise, dont ils donnent en même temps une figure assez exacte.

Hélas! les contrariétés d'où sortit mon *état de grâce*, je vois trop nettement leur médiocrité pour que mon rêve de Jersey n'ait très vite perdu à mes yeux ce caractère religieux que lui conservent mes vocables. Jamais rien ne survint en mon âme qui ne fût embarrassé de mesquineries. Amertume contre ce qui est, curiosité dégoûtée de ce que j'ignore, voilà peut-être les tiges flétries de mes plus belles exaltations!

Avant cette journée décisive, déjà la grâce m'avait visité. J'avais déjà entrevu mon Dieu intérieur, mais aussitôt son émouvante image s'emplissait d'ombre. Ces flirts avec le divin me ternissaient le siècle, sans qu'ils modifiassent sérieusement mon ignominie. C'est par le dédain qu'enfin j'atteignis à l'amour. Certes, je comprenais que seul le dégoût préventif à l'égard de la vie nous garantit de toute déception, et que se livrer aux choses qui meurent est toujours une diminution; mais il fallut la révélation de Jersey, pour que je prisse le courage de me conformer à ces vérités soupçonnées, et de conquérir par la culture de mes inquiétudes l'embellissement de l'univers. C'est en m'aimant infiniment, c'est en m'embrassant, que j'embrasserai les choses et les redresserai selon mon rêve.

Oui, déjà j'avais été traversé de ce délire d'animer toutes les minutes de ma vie. Sur les petits carnets où je note les pointes de mes sensations pour la curiosité de les éprouver à nouveau, quand le temps les aura émoussées, je retrouve une matinée de juillet que, malade, vraiment épuisé, tant mon corps était rompu et mon esprit lucide d'insomnie, je m'étais fait conduire à la bibliothèque de Nancy, pour lire les *Exercices spirituels* d'Ignace de Loyola. Livre de sécheresse, mais infiniment fécond, dont la mécanique fut toujours pour moi la plus troublante des lectures; livre de dilettante et de fanatique. Il dilate mon scepticisme et mon mépris; il démonte tout ce qu'on respecte, en même temps qu'il réconforte mon désir d'enthousiasme; il saurait me faire homme libre, tout-puissant sur moi-même.

Alors que j'étais ainsi mordu par ce cher engrenage, des militaires passèrent sur les dix heures, revenant de la promenade matinale, avec de la poussière, des trompettes retentissantes et des gamins admirateurs. Et nous, ceux de la bibliothèque, un prêtre, un petit vieux, trois étudiants, nous nous penchâmes des fenêtres de notre palais sur ces hommes actifs. Et l'orgueil chantait dans ma tête: «Tu es un soldat, toi aussi; tu es mille soldats, toute une armée. Que leurs trompettes levées vers le ciel sonnent un hallali! Tiens en main toutes les forces que tu as, afin que tu puisses, par des commandements rapides, prendre soudain toutes les figures en face des circonstances.» Et, frémissant jusqu'à serrer les poings du désir de dominer la vie, je me replongeai dans l'étude des moyens pour posséder les ressorts de mon âme comme un capitaine possède sa compagnie. —Quelque jour, un statisticien dressera la théorie des émotions, afin que l'homme à volonté les crée toutes en lui et toutes en un même moment.

Et puis ce fut la vie, car il fallut agir; et je me rappelle cette douloureuse matinée où je vis un de ma race, mais ayant toujours résisté à l'appétit de se détruire, qui me disait dans un accès d'orgueil: «Ma tête est une merveilleuse machine à pensées et à phrases; jamais elle ne s'arrête de produire avec aisance des mots savoureux, des images précises et des idées impérieuses; c'est mon royaume, un empire que je gouverne.» Et moi, tandis qu'il marchait dans l'appartement, j'étais assombri et congelé par le bromure, au point que je n'avais pas la force de lui répondre, et je me raidissais, avec un effort trop visible, pour sourire et pour paraître alerte. Et je revins à midi, seul, par la longue rue Richelieu (une de ces rues étroites qui me donnent un malaise), plus accablé et plus inconscient, mais convaincu, au fond de mon découragement, que le paradis c'est d'être clairvoyant et fiévreux.

––––––––––

Je m'écarte parmi ces souvenirs. C'est que j'y apprends à connaître mon tempéramment, ses hauts et ses bas. Voilà les soucis, les nuances où je reviens, sitôt que j'ai quelques loisirs. Je veux accueillir tous les frissons de l'univers; je m'amuserai de tous mes nerfs. Ces anecdotes qui vous paraissent peu de chose, je les ai choisies scrupuleusement dans le petit bagage d'émotions qui est tout mon moi. A certains jours, elles m'intéressent beaucoup plus que la nomenclature des empires qui s'effondrent. Elles me sont Hélène, Cléopâtre, la Juliette sur son balcon et Mlle de Lespinasse, pour qui jamais ne se lasse la tendre curiosité des jeunes gens.

Belle paix froide de Saint-Germain! C'est là que mon coeur échauffé sans trêve retrouvera et s'assurera la possession de ces frissons obscurs qui, parfois, m'ont traversé pour m'indiquer ce que je devais être! Ma faiblesse jusqu'à cette heure n'a pu forcer à se réaliser cet esprit mystérieux qui se dissimule en moi. Mais je le saisirai, et je départirai sa beauté à l'univers, qui me fut jusqu'alors médiocre comme mon âme.

—Mais, dira-t-on, Simon, qu'intéressent la vie (amour des forêts et du confort) et la précision scientifique (philosophie anglaise), comment s'associait-il à vos aspirations?

Je pense qu'étant fort nerveux et compréhensif, il vibrait avec mes énergies quelles qu'elles fussent. Puis il bâillait de sa vie sans argent ni ambition....

Mais pourquoi m'inquiéterais-je d'expliquer cette âme qui n'est pas la mienne? Il suffit que je vous le fasse voir, aux instants où, me comparant à lui, vous y gagnerez de me mieux connaître.

LIVRE DEUXIÈME

L'ÉGLISE MILITANTE

CHAPITRE III

INSTALLATION

Le lendemain de notre arrivée, vers les neuf heures, quand le paysage, dans la franchise de son réveil, n'a pas encore vêtu la splendeur du midi ou ces mollesses du couchant qui troublent l'observateur, nous étudiâmes la propriété, et sa saine banalité nous agréa.

Bâtie sur un vieux monastère dont les ruines l'enclosent et l'ennoblissent, elle occupe le sommet et les pentes pelées d'une côte volcanique. Et cette légende de volcan, dans nos promenades du soir, nous invitait à des rêveries géologiques, toujours teintées de mélancolie pour de jeunes esprits plus riches d'imagination que de science. Nos fenêtres dominaient une vaste cuvette de terres labourées, sans eau, et dont la courbe solennelle menait jusqu'à l'horizon des fenêtres silencieuses. Dans la transparence du soleil couchant, parfois, les Vosges minuscules et tristes apparaissaient tassées dans le lointain. Sur un autre ballon très proche, le village déployait sa rue morne; et l'église au milieu des tombes dominait le pays.

Cette mise en scène, si complètement privée de jeunesse, devait mieux servir nos sévères analyses que n'eussent fait les somptuosités énergiques de la grande nature, la mollesse bellâtre du littoral méditerranéen, ou même ces plaines d'étangs et de roseaux dont j'ai tant aimé la résignation grelottante. Les vieilles choses qui n'ont ni gloire, ni douceur, par leur seul aspect, savent mettre toutes nos pensées à leur place.

Installation matérielle

En une semaine nous fûmes organisés.

Un gars du village, ancien ordonnance d'un capitaine, suffit à notre service.

Quand il s'agit de choisir les chambres de sommeil et de méditation, Simon, que je crois un peu apoplectique, voulut avoir de grands espaces sous les yeux. Pour moi, uniquement curieux de surveiller mes sensations, et qui désire m'anémier, tant j'ai le goût des frissons délicats, je considérai qu'une branche d'arbre très maigre, frôlant ma fenêtre et que je connaîtrais, me suffirait.

La salle à manger nous parut parfaite, dès qu'un excellent poêle y fut installé. Dans la bibliothèque où nous agitâmes des problèmes par les nuits d'hiver, on mit un grand bureau double où nous nous faisions vis-à-vis, avec chacun notre lampe et notre fauteuil Voltaire, pour faire nos recherches ou rédiger, puis, au coin de la cheminée, deux ganaches pour la métaphysique des problèmes.

La pièce voisine était tapissée de livres, mêlés et contradictoires comme toutes ces fièvres dont la bigarrure fait mon âme. Seul Balzac en fui exclu, car ce passionné met en valeur les luttes et l'amertume de la vie sociale; et, malgré tout, romanesques et de fort appétit, nous trouverions dans son oeuvre, à certains jours, la nostalgie de ce que nous avons renoncé.

Je m'opposai avec la même énergie à ce qu'aucune chaise pénétrât dans la maison: ces petits meubles ne peuvent qu'incliner aux basses conceptions l'honnête homme qu'ils fatiguent. Je ne crois pas qu'un penseur ait jamais rien combiné d'estimable hors d'un fauteuil.

Tous nos murs furent blanchis à la chaux. J'aime le mutisme des grands panneaux nus; et mon âme, racontée sur les murs par le détail des bibelots, me deviendrait insupportable. Une idée que j'ai exprimée, désormais, n'aura plus mes intimes tendresses. C'est par une incessante hypocrisie, par des manques fréquents de sincérité dons la conversation, que j'arrive à posséder encore en moi un petit groupe de sentiments qui m'intéressent. Peut-être qu'ayant tout avoué dans ces pages, il me faudra tenter une évolution de mon âme, pour que je prenne encore du goût à moi-même.

Nous fîmes des visites aux notables et quelques aumônes aux indigents. Et pour acquérir la considération, chose si nécessaire, nous répandîmes le bruit que, frères de lits différents, nous étions nés d'un officier supérieur en retraite.

Enfin, sur l'initiative de Simon, nous causâmes des femmes. La femme, qui, à toutes les époques, eut la vertu fâcheuse de rendre bavards les imbéciles, renferme de bons éléments qu'un délicat parfois utilise pour se faire à soi-même une belle illusion. Toutefois, elle fait un divertissement qui peut nuire à notre concentration et compromettre les expériences que nous voulons tenter. Simon, ayant réfléchi, ajouta:

—Le malheur! c'est que nous avons perdu l'habitude de la chasteté!

—Avec son tact de femme, Catherine de Sienne, lui dis-je, a très bien vu, comme nous, que tous nos sens, notre vue, notre ouïe et le reste s'unissent en quelque sorte avec les objets, de sorte que, si les objets ne sont pas purs, la virginité de nos sens se gâte. Mais les objets sont ce que nous les faisons. Or, puisqu'il n'est pas dans notre programme de nous édifier une grande passion, ne voyons dans la femme rien de troublant ni de mystérieux; dépouillons-la de tout ce lyrisme que nous jetons comme de longs voiles sur nos troubles: qu'elle soit pour nous vraiment nature. Cette combinaison nous laissera tout le calme de la chasteté.

Simon voulut bien m'approuver.

C'est pourquoi nous sommes allés à la messe. Et entre les jeunes personnes, nous avons distingué une fille pour sa fraîche santé et pour son impersonnalité. Ses gestes lents et son regard incolore, quoique malicieux, sont bien de ce pays et de cette race qui ne peut en rien nous distraire du développement de notre être. Nous fîmes donc un arrangement avec la famille de cette jeune fille, et nous en eûmes de la satisfaction.

Au soir de cette première semaine, dans notre cadre d'une simplicité de bon goût, assis et souriant en face du paysage sévère que désolent la brume et le silence, nous résolûmes de couper tout fil avec le monde et de brûler les lettres qui nous arriveraient.

Installation spirituelle

Je fus flatté de trouver un cloître dans les coins délabrés de notre propriété.

Pendant que le soir tombait sur l'Italie, promeneur attristé de souvenirs désagréables et de désirs, parfois j'ai désiré achever ma vie sous les cloîtres où ma curiosité s'était satisfaite un jour. Ce me serait un pis aller délicieux de veiller sous les lourds arceaux de Saint-Trophime à Arles, d'où, certain jour, je descendis dans l'église lugubre pour me mépriser, pour aimer la mort (qui triomphera d'une beauté dont je souffre), et pour glorifier le *Moi* qu'avec plus d'énergie je saurais être.

Notre cloître, qui date de la fin du treizième siècle, n'abritait plus que des volailles quand nous le fîmes approprier, pour l'amour du christianisme dont les allures sentimentales et la discipline satisfont notre veine d'ascétisme et d'énervement. Il est bas, triste et couvert de tuiles moussues. Une jolie suite d'arceaux trilobés l'entourent, sous chacun desquels avait été sculpté un petit bas-relief. Quoique le temps les eût dégradés, je voulus y distinguer la reine de Saba en face du roi Salomon. Une ceinture de cuir serre la taille de la reine; sa robe entr'ouverte sur sa gorge laisse deviner une ligne de chair, et cela me parut troublant dans une si vieille chose. Elle appuie contre sa ligure les plis de sa pèlerine, et je me désolai fréquemment avec elle, pensant avec complaisance qu'elle ne fut pas plus fausse ni coquette avec ce roi, que je ne le suis envers moi-même, quand je donne à ma vie une règle monacale.

C'est là qu'au matin nous descendions, tandis qu'on préparait nos chambres; et ce m'était un plaisir parfait d'y saluer Simon, d'un geste poli, sans plus, car nous pratiquions la règle du silence jusqu'au repas du soir pris en commun.

L'après-midi, où je n'ai jamais pu m'appliquer, tant il est difficile de tromper la méchanceté des digestions, c'était après le déjeuner, une fumerie (en plein air, quand il n'y a pas de vent),—une promenade jusqu'à deux heures,—une partie de volant dans le cloître, comme faisaient, pour se délasser, Jansénius et M. de Saint-Cyran,—du repos dans un fauteuil balancé, puis un nouveau cigare,—une méditation à l'église, suivie d'une petite promenade,—à quatre heures, la rentrée en cellule. (On notera que Simon, en dépit d'une légère tendance à l'apoplexie, faisait la sieste jusqu'à deux heures).

Et cette grande variété de mouvement dans un si bref espace de temps nous portait, sans trop d'ennui, à travers les heures écrasantes du milieu du jour.

A sept heures, dîner en commun; et fort avant dans la nuit, nous analysions nos sensations de la journée.

C'est dans l'une de ces conférences du soir que j'appelai l'attention de Simon sur la nécessité de nous enfermer, comme dans un corset, dans une règle plus étroite encore, dans un système qui maintiendrait et fortifierait notre volonté.

—Il ne suffît pas, lui disais-je, de fixer les heures où nous méditerons; il faut fournir notre cerveau d'images convenables. J'ai un sentiment d'inutilité, aucun ressort. Je crains demain; saurai-je le vivifier? L'énergie fuit de moi comme trois gouttes d'essence sur la main.

Pour qu'il comprit cette anémie de mon âme, je lui rappelai un café qui nous était familier.—Que de fois je suis sorti de là vers les dix heures du soir, dégoûté de fumer et avec des gens qui disaient des niaiseries! Les feuilles des arbres étaient légèrement éclairées en dessous par le gaz; la pluie luisait sur les trottoirs. Nous n'avions pas de but; j'étais mécontent de moi, amoindri devant les autres, et je n'avais pas l'énergie de rompre là.

Simon connaissait la sensation que je voulais dire, et il m'en donna des exemples personnels.

—Par contre, lui dis-je, des niaiseries me firent des soirs sublimes. Une nuit, près de m'endormir, je fus frappé par cette idée, qui vous paraîtra fort ordinaire, que le Don, fleuve de Russie, était l'antique Tanaïs des légendes classiques. Et cette notion prit en moi un telle intensité, une beauté si mystérieuse qui je dus, ayant allumé, chercher dans la bibliothèque une carte où je suivis ce fleuve dès sa sortie du lac, tout au travers du pays de Cosaques. Grandi par tant de siècles interposés, Orphée m'apparut *errant à travers les glaces hyperboréennes, sur les rives neigeuses du Tanaïs, dans les plaines du Riphé que couvrent d'éternels frimas, pleurant Eurydice et les faveurs inutiles de Pluton.* Cet esprit délicat fut sacrifié par les femmes toujours ivres et cruelles. On s'étonnera que je m'émeuve d'un incident si fréquent. Il est vrai, pour l'ordinaire, ce mythe ne me trouble guère; mais ce soir-là, mille sens admirables s'en levaient, si pressés que je ne pouvais les saisir. Et ce désolations lointaines, évoquées sans autres détails, m'emplissaient d'indicible ivresse. Ainsi s'achève dans l'enthousiasme une journée de sécheresse, de la plus fade banalité. Qu'ils sont beaux les nerfs de l'homme! A genoux, prions les apparences qu'elles se reflètent dans nos âmes, pour y éveiller leurs types.

Les plus petits détails, à certains jours, retentissent infiniment en moi. Ces sensibilités trop rares ne sont pas l'effet du hasard. Chercher pour les appliquer les lois de l'enthousiasme, c'est le rêve entrevu dans notre cottage de Jersey.

Prière-programme

Combien je serais une machine admirable si je savais mon secret!

Nous n'avons chaque jour qu'une certaine somme de force nerveuse à dépenser: nous profiterons des moments de lucidité de nos organes, et nous ne forcerons jamais notre machine, quand son état de rémission invite au repos.

Peut-être même surprendrons-nous ces règles fixes des mouvements de notre sang qui amènent ou écartent les périodes où notre sensibilité est à vif. Cabanis pense que par l'observation on arriverait à changer, à diriger ces mouvements quand l'ordre n'en serait pas conforme à nos besoins. Par des hardiesses d'hygiéniste ou de pharmacien, nous pourrions nous mettre en situation de fournir très rapidement les états les plus rares de l'âme humaine.

Enfin, si nous savions varier avec minutie les circonstances où nous plaçons nos facultés, nous verrions aussitôt nos désirs (qui ne sont que les besoins de nos facultés) changer au point que notre âme en paraîtra transformée. Et pour nous créer ces milieux, il ne s'agit pas d'user de raisonnements, mais d'une méthode mécanique; nous nous envelopperons d'images appropriées et d'un effet puissant, nous les interposerons entre notre âme et le monde extérieur si néfaste. Bientôt, sûrs de notre procédé, nous pousserons avec clairvoyance nos émotions d'excès en excès; nous connaîtrons toutes les convictions, toutes les passions et jusqu'aux plus hautes exaltations qu'il soit donné d'aborder à l'esprit humain, dont nous sommes, dès aujourd'hui, une des plus élégantes réductions que je sache.

Les ordres religieux ont créé une hygiène de l'âme qui se propose d'aimer parfaitement Dieu; une hygiène analogue nous avancera dans l'adoration du *Moi*. C'est ici, à Saint-Germain, un institut pour le développement et la possession de toutes nos facultés de sentir; c'est ici un laboratoire de l'enthousiasme. Et non moins énergiquement que firent les grands saints du christianisme, proscrivons le péché, le péché qui est la tiédeur, le gris, le manque de fièvre, le péché, c'est-à-dire tout ce qui contrarie l'amour.

L'homme idéal résumerait en soi l'univers; c'est un programme d'amour que je veux réaliser. Je convoque tous les violents mouvements dont peuvent être énervés les hommes; je paraîtrai devant moi-même comme la somme sans cesse croissante des sensations. Afin que je sois distrait de ma stérilité et flatté dans mon orgueil, nulle fièvre ne me demeurera inconnue, et nulle ne me fixera.

C'est alors, Simon, que, nous tenant en main comme un partisan tient son cheval et son fusil, nous dirons avec orgueil: «Je suis un homme libre.»

CHAPITRE IV

EXAMENS DE CONSCIENCE

J'ai fermé la porte de ma cellule, et mon coeur, encore troublé des nausées que lui donnait le siècle, cherche avec agitation....

Connaître l'esprit de l'univers, entasser l'émotion de tant de sciences, être secoué par ce qu'il y a d'immortel dans les choses, cette passion m'enfièvre, tandis que sonnent les heures de nuit... Je me couchai avec le désespoir de couper mon ardeur; je me suis levé ce matin avec un bourdonnement de joie dans le cerveau, parce que je vois des jours de tranquillité étendus devant moi. Ma poitrine, mes sens sont largement ouverts à celui que j'aime: à l'Enthousiasme.

Il ne s'agit pas qu'ayant accumulé des notions, je devienne pareil à un dictionnaire; mon bonheur sera de me contempler agité de tous les frissons, et d'en être insatiable. Seule félicité digne de moi, ces instants où j'adore un Dieu, que grâce à ma clairvoyance croissante, je perfectionne chaque jour!

―――――――――――

Pour ne pas succomber sous l'âme universelle que nous allons essayer de dégager en nous, commençons par connaître les forces et les faiblesses de notre esprit et de notre corps. Il importe au plus haut point que nous tenions en main ce double instrument, pour avoir une conscience nette de l'émotion perçue, et pour pouvoir la faire apparaître à volonté.

Tel fut l'objet de nos conférences d'octobre.

―――――――――――

Examen physique

Nous inspectâmes d'abord nos organes: de leur disposition résulte notre force et notre clairvoyance.

Un médecin compétent que nous fîmes venir de la ville nous mit tout nus et nous examina. Ce praticien, soigneusement, de l'oreille et des doigts réunis, nous auscultait, tandis que nous comptions d'une voix forte jusqu'à trente; ainsi l'avait-il ordonné.

—Vous êtes délicats, mais sains.

Telle fut son opinion, qui nous plut. Nous serions impressionnés par une difformité aussi péniblement que par un manque de tenue. C'est encore du lyrisme que d'être boiteux ou manchot; il y a du panache dans une bosse. Toute affectation nous choque. «Avoir la pituite ou une gibbosité! disait Simon, mais j'aimerais autant qu'on me trouvât le tour d'esprit de Victor Hugo.» Simon a bien du goût de répugner aux êtres excessifs; ces monstres ne peuvent juger sainement la vie ni les passions. Un esprit agile dans un corps simplifié, tel est notre rêve pour assister à la vie.

Tandis qu'il se rhabillait, Simon se rappela avoir bu diverses pharmacies et qu'il manqua d'esprit de suite. Pour moi, ayant débuté dans l'existence par l'huile de foie de morue, j'alternai vigoureusement les fers et les quinquinas; mais toujours me répugna le grand air qui seul m'eût tonifié sans m'échauffer.

Maigres l'un et l'autre, mais lui plus musculeux, nous naquîmes dans des familles nerveuses, la sienne apoplectique du côté des hommes et bizarre par les femmes. Ses sensations se poussent avec une violente vivacité dans des sens divers. Ses mouvements sont brusques, et prêteraient parfois au ridicule sans sa parfaite éducation. Il est bilieux.

—A la campagne, me dit-il, fumant ma pipe en plein air, fouaillant mes chiens et criant après eux, dès les six heures du matin, je jouis, je respire à l'aise.

Cabanis observe, en effet, que l'abondance de bile met une chaleur âcre dans tous le corps, en sorte que le bilieux trouve le bien-être seulement dans de grands mouvements qui emploient toutes ses forces. Ce médecin philosophe ajoute que, chez les hommes de ce tempérament, l'*activité du coeur* est excessive et exigeante.

—J'entends bien, me répond en souriant Simon; mes journées ne sont heureuses qu'en province, mes nuits ne sont agréables qu'à Paris.... Cette ville toutefois diminue ma force musculaire. Des occupations sédentaires, l'exercice exclusif des organes internes entraînent des désordres hypocondriaques et nerveux. Oh! la fâcheuse contraction de mon système épigastrique! Ma circulation s'alanguit jusqu'à faire hésiter ma vie. Je perds cette conscience de ma force que donnent toujours une chaleur active et un mouvement régulier du cerveau, et qui est si nécessaire pour venir à bout des obstacles de la vie active. C'est ainsi que tu me vis indifférent aux ambitions, que tu poursuivais tout au moins par saccade.

—Eh! lui dis-je, crois-tu que je ne les ai pas connues, au milieu de mes plus belles énergies, ces hésitations et ces réserves! Toi, Simon, bilio-nerveux, tu mêles une incertitude âpre à cette multiple énergie cérébrale qui naît de ton état nerveux. Cette complexité est le point extrême où tu atteins sous l'action de Paris, mais elle fut ma première étape. Je suis né tel que cette ville te fait. Chez moi, d'une activité musculaire toujours nulle, le système cérébral et nerveux a tout accaparé. Dans ce défaut d'équilibre, les organes inégalement vivifiés se sont altérés, la sensibilité alla se dénaturant. C'est l'estomac qui partit le premier. J'offre un phénomène bien connu des philosophes de la médecine et des directeurs de conscience: je passe par des alternatives incessantes de langueur et d'exaltation. C'est ainsi que je fus poussé à cette série d'expériences, où je veux me créer une exaltation continue et proscrire à jamais les abattements. Dans ma défaillance que rend extrême l'impuissance de mes muscles, parfois une excitation passagère me traverse; en ces instants, je sens d'une manière heureuse et vive; la multiplicité et la promptitude de mes idées sont incomparables: elles m'enchantent et me tourmentent. Ah! que ne puis-je les fixer à jamais! Si à l'aube, elles se retirent, me laissant dans l'accablement, c'est que je n'ai pas su les canaliser; si, au soir, je les attends en vain, c'est que je n'ai pas surpris le secret de les évoquer... Je te marque là quelle sera notre tâche de Saint-Germain.

Nous sommes l'un et l'autre des mélancoliques. Mais faut-il nous en plaindre? Admirable complication qu'a notée le savant! Les appétits du mélancolique prennent plutôt le caractère de la passion que celui du besoin. Nous anoblissons si bien chacun de nos besoins que le but devient secondaire; c'est dans notre appétit même que nous nous complaisons, et il devient une ardeur sans objet, car rien ne saurait le satisfaire. Ainsi sommes-nous essentiellement des idéalistes.

De cet état, disent les médecins, sortent des passions tristes, minutieuses, personnelles, des idées petites, étroites et portant sur les objets des plus légères sensations. Et la vie s'écoule, pour ces sujets, dans une succession de petites joies et de petits chagrins qui donnent à toute leur manière d'être un caractère de puérilité, d'autant plus frappant qu'on l'observe souvent chez des hommes d'un esprit d'ailleurs fort distingué.

N'en doutons pas, voilà comment nous juge le docteur qui, tout à l'heure, nous auscultait. *Passions tristes*, dit-il;—mais garder de l'univers une vision ardente et mélancolique, se peut-il rien imaginer de mieux? *Minutieuses et personnelles;*—c'est que nous savons faire tenir l'infini dans une seconde de nous-mêmes. Nos raisonnements tortueux demeurent incomplets, c'est que l'émotion nous a saisis au détour d'une déduction, et dès lors a rendu toute logique superflue. Il ne faut pas demander ici des raisonnements équilibrés. Je n'ai souci que d'être ému.

Et félicitons-nous, Simon: toi, d'être devenu mélancolique; et moi, d'avoir été anémié par les veilles et les dyspepsies. Félicitons-nous d'être débilités, car toi, bilieux, tu aurais été satisfait par l'activité du gentilhomme campagnard, et moi, nerveux délicat, je serais simplement distingué. Mais parce que l'activité de notre circulation était affaiblie, notre système veineux engorgé, tous nos actes accompagnés de gêne et de travail, nous avons mis l'âge mûr dans la jeunesse. Nous n'avons jamais connu l'irréflexion des adolescents, leurs gambades ni leurs déportements. La vie toujours chez nous rencontra des obstacles. Nous n'avons pas eu le sentiment de la force, cette énergie vitale qui pousse le jeune homme hors de lui-même. Je ne me crus jamais invincible. Et en même temps, j'ai eu peu de confiance dans les autres. Notre existence, qui peut paraître triste et inquiète, fut du moins clairvoyante et circonspecte. Ce sentiment de nos forces émoussées nous engage vivement à ne négliger aucune de celles qui nous restent, à en augmenter l'effet par un meilleur usage, à les fortifier de toutes les ressources de l'expérience.

Tel est notre corps, nous disions-nous l'un à l'autre, et c'est un des plus satisfaisants qu'on puisse trouver pour le jeu des grandes expériences.

Examen moral

Nous continuâmes notre examen; et laissant notre corps, nous cherchions à éclairer notre conscience.

Silencieux et retirés, d'après un plan méthodique, nous avons passé en revue nos péchés, nos manques d'amour. A ce très long labeur je trouvai infiniment d'intérêt. Et Simon, au dîner du dernier jour, une heure avant la confession solennelle, me disait;

—Aujourd'hui, comme le malade arrive à connaître la plaie dont il souffre et qu'il inspecte à toute minute, je suis obsédé de la laideur qu'a prise mon âme au contact des hommes.

Nous avions décidé de passer nos fracs, cravates noires, souliers vernis, de boire du thé en goûtant des sucreries, et de nous coucher seulement à l'aube, afin de marquer cette grande journée de quelques traits singuliers parmi l'ordinaire monotonie de notre retraite (car il faut considérer qu'un décor trop familier rapetisse les plus vives sensations).

Quand nous fûmes assis dans les deux ganaches de la cheminée, toutes lampes allumées et le feu très clair, Simon, qui sans doute attachait une grande importance à ces premières démarches de notre régénération, était ému, au point que, d'énervement presque douloureux mêlé d'hilarité, il fit, avec ses doigts crispés en l'air, le geste d'un épileptique.

Je notai cela comme un excellent signe, et je sentis bien les avantages d'être deux, car par contagion je goûtai, avant même les premiers mots, une chaleur, un entrain un peu grossier, mais très curieux.

Et d'abord parcourons, lui dis-je, les lieux où nous avons demeuré.

1° DANS LE GROUPE DE LA FAMILLE (c'est-à-dire au milieu de ces relations que je ne me suis pas faites moi-même), j'ai péché;

Par pensée (les péchés par pensée sont les plus graves, car la pensée est l'homme même); c'est ainsi que je m'abaissai jusqu'à avoir des préjugés sur les situations sociales et que je respectai malgré tout celui qui avait réussi. Oui, parfois j'eus cette honte de m'enfermer dans les catégories.

Par parole (les péchés par parole sont dangereux, car par ses paroles on arrive à s'influencer soi-même); c'est ainsi que j'ai dit, pour ne point paraître différent, mille phrases médiocres qui m'ont fait l'âme plus médiocre.

Par oeuvre (les péchés par oeuvre, c'est-à-dire les actions, n'ont pas grande importance, si la pensée proteste); toutefois il y a des cas:

ainsi, le tort que je me fis en me refusant un fauteuil à oreillettes où j'aurais médité plus noblement.

2° DANS LA VIE ACTIVE (c'est-à-dire au milieu de ceux que j'ai connus par ma propre initiative), j'ai péché:

Par pensée: m'être préoccupé de l'opinion. Je fus tenté de trouver les gens moins ignobles quand ils me ressemblaient.

Par parole: avoir renié mon âme, jolie volupté de rire intérieur, mais qui demande un tact infini, car l'âme ne demeure intense qu'à s'affirmer et s'exagérer toujours.

Par oeuvre: n'avoir pas su garder mon isolement. Trop souvent je me plus à inventer des hommes supérieurs, pour le plaisir de les louer et de m'humilier. C'est une fausse démarche; on ne profite qu'avec soi-même, méditant et s'exaspérant.

———————

Quand j'achevai cette confession, Simon me dit:

—Il est un point où vous glissez qui importe, car nous saurions en tirer d'utiles renseignements pour telle manoeuvre importante: vous avez eu un métier.

—C'est juste, lui dis-je. Un métier, quel qu'il soit, fait à notre personnalité un fondement solide; c'est toute une réserve de connaissances et d'émotions. J'avais pour métier d'être ambitieux et de voir clair. Je connais parfaitement quelques côtés de l'intrigue parisienne.

—Voulez-vous me donner des détails sur les hommes supérieurs que vous remarquiez? Vous en parles, ce semble, avec chaleur. Ces liaisons intellectuelles expliquent quelquefois nos attitudes de la vingtième année.

—A dix-huit ans, mon âme était méprisante, timide et révoltée. Je vis un sceptique caressant et d'une douceur infinie; en réalité il ne se laissait pas aborder.

O mon ami, de qui je tais le nom, auprès de votre délicatesse j'étais maladroit et confus; aussi n'avez-vous pas compris combien je vous comprenais; peut-être vous n'avez pas joui des séductions qu'exerçait sur mon esprit avide l'abondance de vos richesses. Vous me faisiez souffrir quand vous preniez si peu souci d'embellir mes jeunes années qui vous écoutaient, et paré d'un flottant désir de plaire, vous n'étiez préoccupé que de vous paraître ingénieux à vous-même. Or, cédant à l'attrait de reproduire la séduisante image que vous m'apparaissiez, je négligeai la puissance de détester et de souffrir qui sourd en moi. Vous captiviez mon âme, sans daigner même savoir qu'elle est charmante, et vous l'entraîniez à votre suite en lui lançant par-dessus votre épaule des paroles flatteuses dénuées d'à-propos.

Celui que je rencontrai ensuite était amer et dédaigneux, mais son esprit, ardent et désintéressé. Je le vis orgueilleux de son vrai moi jusqu'à s'humilier devant tous, pour que du moins il ne fût jamais traité en égal. Je l'adorais, mais, malades l'un et l'autre, nous ne pûmes nous supporter, car chacun de nous souffrait avec acuité d'avoir dans l'autre un témoin. Aussi avons-nous préféré—du moins tel fut mon sentiment, car je ne veux même plus imaginer ce qu'il pensait—oublier que nous nous connaissions et si, rusant avec la vie, je fis parfois des concessions, je n'avais plus à m'en impatienter que devant moi-même.

O solitude, toi seule ne m'as pas avili; tu me feras des loisirs pour que j'avance dans la voie des parfaits, et tu m'enseigneras le secret de vêtir à volonté des convictions diverses, pour quoi je sois l'image la plus complète possible de l'univers. Solitude, ton sein vigoureux et morne, déjà j'ai pu l'adorer; mais j'ai manqué de discipline, et ton étreinte m'avait grisé. Ne veux-tu pas m'enseigner à prier méthodiquement?

Simon m'a dit dans la suite que j'avais excellemment parlé. Mon émotion l'enleva. Nous connûmes, ce soir-là, une ardente bonté envers mille indices de beauté qui soupirent en nous et que la grossièreté de la vie ne laisse pas aboutir. J'aspirais à souffrir et à frapper mon corps, parce que son épaisse indolence opprime mes jolies délicatesses. Comme je me connais impressionnable, je m'en abstins, et pourtant je n'eusse ressenti aucune douleur, mais seulement l'âpre plaisir de la vengeance.... Tout cela j'hésite à le transcrire; ce ne sont pas des raisonnements qu'il faudrait vous donner, mais l'émotion montante de cette scène à laquelle je ne sais pas laisser son vague mystérieux. Qu'ils s'essayent à repasser par les phases que j'ai dites, ceux qui soupçonnent la sincérité de ma description! Si mes habitudes d'homme réfléchi n'avaient retenu mon bras, j'eusse été aisément sublime, et frappant mon corps, j'aurais dit: «Souffre, misérable! gémis, car tu es infâme de ne connaître que des instants d'émotion, rapides comme des pointes de feu. Souffre, et profondément, pour que ton *Moi*, à cet éveil brutal, enfin te soit connu. Tu n'es qu'un infirme, somnolent sous la pluie de la vie. Depuis huit années que tes sens sont baignés de sensations, quelle ardeur peux-tu me montrer dont tu brûles, quand il faudrait que tu fusses consumé de toutes à la fois et sans trêve! Mais comment supporterais-tu cette belle ivresse, toi qui n'as pas même un réel désir d'être ivre, encore que tu enfles ta voix pour injurier ta médiocrité! Souffre donc, homme insuffisant, car tous sont meilleurs que toi. Et si tu te vantes que leur supériorité t'est indifférente, je ne t'autorise pas à tirer mérite de ce renoncement: il n'est beau d'être misérable et d'aimer sa misère qu'après s'être dépouillé volontairement.»

Ah! Simon, quel ennui! Que d'années excellentes perdues pour le développement de ma sensibilité! J'entrevois la beauté de mon âme, et ne sais pas la dégager! C'est un grand dépit d'être enfermé dans un corps et dans un siècle, quand on se sent les loisirs et le goût de vivre tant de vies!

Simon restait assis auprès du feu, cherchant le calme dans une raideur de nerfs, évidemment fort douloureuse. J'interrompis ma promenade, et m'asseyant à ses côtés:—Faisons la *composition de lieu*, lui dis-je.

C'est aux exercices spirituels d'Ignace de Loyola, au plus surprenant des psychologues, que nous empruntons cette méthode, dont je me suis toujours bien trouve.

La vie est insupportable à qui n'a pas à toute heure sous la main un enthousiasme. Que si la grâce nous est donnée de ressentir une émotion profonde, assurons-nous de la retrouver au premier appel. Et pour ce, rattachons-la, fût-elle de l'ordre métaphysique le plus haut, à quelque objet matériel que nous puissions toucher jusque dans nos pires dénuements. Réduisons l'abstrait en images sensibles. C'est ainsi que l'apprenti mécanicien trace sur le tableau noir des signes conventionnels, pour fixer la figure idéale qu'il calcule et qui toujours est près de lui échapper.

J'imaginerai un guide-âne et toute une mnémotechnic, qui me permettront de retrouver à mon caprice les plus subtiles émotions que j'aurai l'honneur de me donner. Le monde sentimental, catalogué et condensé en rébus suggestifs, tiendra sur les murs de mon vaste palais intérieur, et m'enfermant dans chacune de ses chambres, en quelques minutes de contemplation, je retrouverai le beau frisson du premier jour. Surtout je parviendrai à fixer mon esprit. L'attention ramassée toute sur un même point y augmente infiniment la sensibilité. Une douleur légère, quand on la médite, s'accroît et envahit tout l'être. Si vous essayes de songer à cette phrase abstraite: «J'ai manqué d'amour dans mes méditations, c'est pourquoi j'ai été humilié», votre esprit dissipé n'arrive pas à l'émotion. Mais allumez un cigare vers les dix heures du soir, seul dans votre chambre où rien ne vous distrait, et dites:

Composition de lieu

Un homme est accroupi sur son lit, dans le nuit, levant sa face vers le ciel, par désespoir et par impuissance, car il souffre de lancinations sans trêve que la morphine ne maîtrise plus. Il sait sa mort assurée, douloureuse et lente. Il gît loin de ses pairs, parmi des hommes grossiers qui ont l'habitude de rire avec bruit; même il en est arrivé à rougir de soi-même, et pour plaire à ces gens il a voulu paraître leur semblable.

Dans cet abaissement, qu'il allume sa lampe, qu'il prenne les lettres des rois qui le traitent en amis, qu'il célèbre le culte dont l'entoura sa maîtresse, jeune et de qui les beaux yeux furent par lui remplis jusqu'au soir où elle mourut en le désirant, qu'il oublie son infirmité et les gestes dont on l'entoure! Voici que l'amour, celui qu'il aime, l'amour frère de l'orgueil, rentre en lui, et ses pensées ennoblies redeviennent dignes des grands qui l'honorent, tendues et dédaigneuses.

Ainsi s'achevait cette nuit. Silencieux et désabusés, nous appuyions nos fronts aux vitres fraîches. Sur la vaste cuvette des terres endormies, parmi les vapeurs qui s'étirent, l'aube commençait; alors, nous entreprîmes, dans le malaise de ce matin glacé, *l'exercice de la mort*.

Exercice de la mort

Nous serons un jour (mais qui de nous deux le premier?) meurtris par notre cercueil, nos mains jointes seront opprimées par des planches clouées à grand bruit; nos visages d'humoristes n'auront plus que les marques pénibles de cette lutte dernière que chacun s'efforce de taire, mais qui, dans la plupart des cas, est atroce. Ce sera fini, sans que ce moment suprême prenne la moindre grandeur tragique, car l'accident ne paraît singulier qu'à l'agonisant lui-même. Ce sera terminé. Tout ce que j'aurai emmagasiné d'idées, d'émotions, et mes conceptions si variées de l'univers s'effaceront. Il convient donc qu'au milieu de ces enthousiasmes si désirés, nous n'oubliions pas d'en faire tout au fond peu de cas, et il convient en même temps que nous en jouissions sans trêve. Jouissons de tout et hâtivement, et ne nous disons jamais: «Ceci, des milliers d'hommes l'ont fait avant moi»; car, à n'exécuter que la petite danse que la Providence nous a réservée dans le cotillon général, nous ferions une trop longue tapisserie. Jouissons et dansons, mais voyons clair. Il faut traiter toutes choses au monde comme les gens d'esprit traitent les jeunes filles. Les jeunes filles, au moins en désir, se sont prêtées à tous les imbéciles, et lors même qu'elles sont vierges de désir, croyez-vous qu'il n'existe pas un imbécile qui puisse leur plaire! Il faut faire un assez petit cas des jeunes filles, mais nous émouvoir à les regarder, et nous admirer de ressentir pour de si maigres choses un sentiment aussi agréable.

Colloque

Cette haine du péché et cette ardeur vers les choses divines que je viens de traverser, ce sont des instants furtifs de mon âme, je les ai analysés; j'ai démonté ces sentiments héroïques, je saurais à volonté les recomposer. Une centaine de petites anecdotes grossières inscrites sur mon carnet me donnent sûrement les rêves les plus exquis que l'humanité puisse concevoir. Elles sont les clochers qui guident le fidèle jusqu'à la chapelle où il s'agenouille. Mon âme mécanisée est toute en ma main, prête à me fournir les plus rares émotions. Ainsi je deviens vraiment un homme libre.

Pourquoi, mon âme, t'humilier, si de toi, pauvre désorientée, je fais une admirable mécanique? Simon m'a dit, qu'enfant, il savait se faire pleurer d'amour pour sa famille, en songeant à la douleur qu'il causerait, s'il se suicidait. Il voyait son corps abîmé, l'imprévu de cette nouvelle tombant au milieu du souper, apportée par un parent qui peut à peine se contenir, ces grands cris, ces sanglots qui coupent toutes les voix pendant trois jours. Et, précisant ce tableau matériel avec minutie, il s'élevait en pleurant sur soi-même jusqu'à la plus noble émotion d'amour filial: le désespoir de peiner les siens.

Pourquoi les philosophes s'indigneraient-ils contre ce machinisme de Loyola? Grâce à des associations d'idées devenues chez la plupart des hommes instinctives, ne fait-on pas jouer à volonté les ressorts de la mécanique humaine? Prononcez tel nom devant les plus ignorants, vous verrez chacun d'eux éprouver des sensations identiques. A tout ce qui est épars dans le monde, l'opinion a attaché une façon de sentir déterminée, et ne permet guère qu'on la modifie. Nous éprouvons des sentiments de respectueuse émotion devant une centaine d'anecdotes ou devant de simples mots peut-être vides de réalité. Voilà la mécanique à laquelle toute culture soumet l'humanité, qui, la plupart du temps ne se connaît même point comme dupe. Et moi qui, par une méthode analogue, aussi artificielle, mais que je sais telle, m'ingénie à me procurer des émotions perfectionnées, vous viendriez me blâmer! L'humanité s'émeut souvent à son dommage, tant elle y porte une déplorable conviction; quant à moi, sachant que je fais un jeu, je m'arrêterai presque toujours avant de me nuire.

CHAPITRE V

LES INTERCESSEURS

Ayant touché avec lucidité nos organes et nos agitations familières sachons utiliser cette enquête. Que notre âme se redresse et que l'univers ne soit plus déformé! Notre âme et l'univers ne sont en rien distincts l'un de l'autre; ces deux termes ne signifient qu'une même chose, la somme des émotions possibles.

Hélas! devant un immense labeur, mon ardeur si intense défaille. Comment, sans m'égarer, amasser cette somme des émotions possibles? Il faut qu'on me secoure, j'appelle des *intercesseurs*.

Il est, Simon, des hommes qui ont réuni un plus grand nombre de sensations que le commun des êtres. Échelonnés sur la voie des parfaits, ils approchent à des degrés divers du type le plus complet qu'on puisse concevoir; ils sont voisins de Dieu. Vénérons-les comme des saints. Appliquons-nous à reproduire leurs vertus, afin que nous approchions de la perfection dont ils sont des fragments de grande valeur.

Aisément nous nous façonnerons à leur imitation, maintenant que nous connaissons notre mécanisme.

D'ailleurs, il ne s'agit que de trouver en nous les vertus qui caractérisent ces parfaits et de les dégager des scories dont la vie les a recouvertes. Comme une jolie figure, qu'un maître peignit et que le temps a remplie d'ombre, réapparaît sous les soins d'un expert, ainsi, par ma méthode et ma persévérance, réapparaîtront ma véritable personne et mon univers enfouis sous l'injure des barbares.

Courons dès aujourd'hui rendre à ces princes un hommage réfléchi. Je veux quelques minutes m'asseoir sur leurs trônes, et de la dignité qu'on y trouve je demeurerai embelli. Figures que je chérissais dès mes premières sensibilités, je vous prie en croyant, et par l'ardeur de mes désirs vos vertus émergeront en moi; je vous prie en philosophe, et par l'analyse je reconstituerai méthodiquement en mon esprit votre beauté.

Dès lors, nous passâmes des heures paisibles à tourner les feuillets, comme un prêtre égrène son chapelet. Dans la petite bibliothèque, écrasée de livres et assombrie par un ciel d'hiver, durant de longs jours, nous méditâmes la biographie de nos saints, et ces bienveillants amis touchaient notre âme çà et là pour nous faire voir combien elle est intéressante.

Dans cette étude de l'*Intelligence souffrante*, je fortifiais mon désir de l'*Intelligence triomphante*. Ainsi la passion de Jésus-Christ excite le chrétien à mériter les splendeurs et la félicité du paradis.

Aimable vie abstraite de Saint-Germain! Dégagé des nécessités de l'action, fidèle à mon régime de méditation et de solitude, assuré au soir, quand je me couchais, que nulle distraction ne me détournerait le lendemain de mes vertus, protégé contre les défaillances au point que j'avais oublié le siècle, je passai les mois de novembre, décembre et janvier avec les morts qui m'ont toujours plu. Et je m'attachai spécialement a quelques-uns qui, au détour d'un feuillet, me bouleversent et me conduisent soudain, par un frisson, à des coins nouveaux de mon âme.

Des figures livresques peu a peu vécurent pour moi avec une incroyable énergie. Quand une trop heureuse santé ne m'appesantit pas, Benjamin Constant, le Sainte-Beuve de 1835, et d'autres me sont présents, avec une réalité dans le détail que n'eurent jamais pour moi les vivants, si confus et si furtifs. C'est que ces illustres esprits, au moins tels que je les fréquente, sont des fragments de moi-même. De là cette ardente sympathie qu'ils m'inspirent. Sous leurs masques, c'est moi-même que je vois palpiter, c'est mon âme que j'approuve, redresse et adore. Leur beauté peu sûre me fait entendre des fragments de mon dialogue intérieur, elle me rend plus précise cette étrange sensation d'angoisse et d'orgueil dont nous sommes traversés, quand, le tumulte extérieur apaisé quelques moments, nous assistons au choc de nos divers *Moi*.

———

L'ennui vous empêcherait de me suivre, si j'entrais dans le détail de tous ceux que j'ai invoqués. Voici, à titre de spécimen, quelques-unes des méditations les plus poussées où nous nous satisfaisions.

(Je pense qu'on se représente comment naquirent ces consultations spirituelles. Nous gardions mémoire de nos réflexions singulières, et nous nous les communiquions l'un à l'autre dans notre conférence du soir. Elles nous servaient encore à fixer le plan de nos études pour les jours suivants; ce plan se modifiait d'ailleurs sur les variations de notre sensibilité.)

———

I

MÉDITATION SPIRITUELLE SUR BENJAMIN CONSTANT

C'est par raisonnement que Simon goûte Benjamin Constant. Simon est séduit par ce rôle officiel et par cette allure dédaigneuse qui masquaient un bohémianisme forcené de l'imagination; il félicite Benjamin Constant de ce que toujours il surveilla son attitude devant soi-même et devant la société, par orgueil de sensibilité, et encore de ce qu'il eût peu d'illusions sur soi et sur ses contemporains.

———

Moi, c'est d'instinct que j'adore Benjamin Constant. S'il était possible et utile de causer sans hypocrisie, je me serais entendu, sur divers points qui me passionnent, avec cet homme assez distingué pour être tout à la fois dilettante et fanatique.

J'aime qu'il cherche avec fureur la solitude où il ne pourra pas se contenter.

J'aime, quand Mme de Récamier se refuse, le désespoir, la folie lucide de cet homme de désir qui n'aima jamais que soi, mais que «la contrariété rendait fou».

J'aime les saccades de son existence qui fut menée par la générosité et le scepticisme, par l'exaltation et le calcul. J'aime ses convictions, qui eurent aux Cent-Jours des détours un peu brusques, à cause du sourire trop souhaité d'une femme. J'admire de telles faiblesses comme le plus beau trait de cet amour héroïque et réfléchi que seuls connaissent les plus grands esprits. Enfin, ses dettes payées par Louis-Philippe et cette humiliation d'une carrière finissante qui jetait encore tant d'éclat me remplissent d'une mélancolie romanesque, où je me perds longuement.

J'aime qu'il ait été brave. Quand on goûte peu les hommes les plus considérés, et qu'on se place volontiers en dehors des conventions sociales, il est joli à l'occasion de payer de sa personne. D'ailleurs beaucoup de petites imaginations (et les facultés imaginatives, c'est le secret de la peur) sont à étouffer quand l'âme va devant soi, toute prudence perdue!

Mais j'aime surtout Benjamin Constant parce qu'il vivait dans la poussière desséchante de ses idées, sans jamais respirer la nature, et qu'il mettait sa volupté à surveiller ironiquement son âme si fine et si misérable. Royer-Collard le mésestimait; mais nous-mêmes, Simon, nous eût-il considérés, cet honnête homme péremptoire qui, par sa rudesse voulue, fit un jour pleurer Jouffroy et n'en fut pas désolé?

Application des sens

Si cet appétit d'intrigue parisienne et de domination qui parfois nous inquiète au contact du fiévreux Balzac arrivait à nous dominer, notre sensibilité et notre vie reproduiraient peut-être les courbes et les compromis que nous voyons dans la biographie de Benjamin Constant.

A dix-huit ans, il souffrait d'être inutile.... Peut-être ne sommes-nous ici que pour n'avoir pas su placer notre personne.

Il s'embarrassait dans un long travail, non qu'il en éprouvât un besoin réel, «mais pour marquer sa place, et parce que, à quarante ans, il ne se pardonnerait pus de ne l'avoir pas fait».

Il désirait de l'activité plus encore que du génie.... Ce qu'il nous faut, Simon, c'est sortir de l'angoisse où nous nous stérilisons; avons-nous dans cette retraite le souci de créer rien de nouveau? Il nous suffit que notre Moi s'agite; nous mécanisons notre âme pour qu'elle reproduise toutes les émotions connues.

Parmi ses trente-six fièvres, Constant gardait pourtant une idée sereine des choses; «Patience, disait-il à son amour, à son ambition, à son désir du bonheur, patience, nous arriverons peut-être et nous mourrons sûrement: ce sera alors tout comme.» Ce sentiment ne me quitte guère. Deux ou trois fois il me pressa avec une intensité dont je garde un souvenir qui ne périra pas.

Dans une petite ville d'Allemagne, vers les quatre heures d'une après-midi de soleil, mes fenêtres étant ouvertes, par où montaient la bousculade joyeuse des enfants et le roulement des tonneaux d'un lointain tonnelier, je travaillais avec énergie pour échapper à une sentimentalité aiguë que l'éloignement avait fortifiée. Mais forçant ma résistance, dans mon cerveau lassé, sans trêve défilait à nouveau la suite des combinaisons par lesquelles je cherchais encore à satisfaire mon sentiment contrarié. Soudain, vaincu par l'obstination de cette recherche aussi inutile que douloureuse, je m'abandonnai à mon découragement; je le considérai en face. Ces rêves romanesques de bonheur, auxquels il me fallait renoncer, m'intéressaient infiniment plus que les idées de devoir (le devoir, n'était-ce pas, alors comme toujours, d'être orgueilleux?) où j'essayais de me consoler. Sans doute, me disais-je, j'ai déjà connu ces exagérations; je sais que dans soixante jours, ces chagrins démesurés me deviendront incompréhensibles, mais c'est du bonheur, tout un renouveau de moi-même, une jeunesse de chaque matin qui m'auront échappé. La vie continuera, apaisée (mais si décolorée!), jusqu'à un nouvel accident, jusqu'à ce que je souffre encore devant une félicité, que je ne saurai pas acquérir:

1° parce que la félicité en réalité n'existe pas; 2° parce que si elle existait, cela m'humilierait de la devoir à un autre. Puis des jours ternes reprendront, coupés de secousses plus rares, pour arriver à l'âge des regrets sans objet... Telle était la seule vision que je pusse me former du monde. Elle m'était fort désagréable.

J'ai vu un boa mourir de faim enroulé autour d'une cloche de verre qui abritait un agneau. Moi aussi, j'ai enroulé ma vie autour d'un rêve intangible. N'attendant rien de bon du lendemain, j'accueillis un projet sinistre: désespéré de partir inassouvi, mais envisageant qu'alors je ne saurais plus mon inassouvissement.

Je contemplais dans une glace mon visage défait; j'étais curieux et effrayé de moi-même. Combien je me blâmais! Je ne doutais pas un instant que je ne guérisse, mais j'étais affolé de dîner et de veiller dans cette ville où rien ne m'aimait, de m'endormir (avec quelle peine!) et puis de me réveiller, au matin d'une pâle journée, avec l'atroce souvenir debout sur mon cerveau. Quel sacrifice je fis à une chère affection, en me résignant à accepter ces quinze jours d'énervement très pénible! Je me répétai la parole de Benjamin Constant: «Patience! nous arriverons peut-être (à ne plus désirer, à être d'âme morne), et puis nous mourrons sûrement; ce sera alors tout comme.»

Méditation

Au courant de cette neuvaine que nous faisons en l'honneur de Benjamin Constant, et à propos d'une controverse culinaire un peu trop prolongée que nous eûmes sur un gibier, une remarque m'est venue. J'aime beaucoup Simon pour tout ce que nous méprisons en commun, mais il me blesse par l'inégale importance que nous prêtons à diverses attitudes de la vie.

Certes, je me forme des idées claires de mes exaltations, et tout ce cabotinage supérieur, je le méprise comme je méprise toutes choses, mais je l'adore. Je me plais à avoir un caractère passionné, et à manquer de bon sens le plus souvent que je peux.

Mon ami, sans doute, n'a pas de goût pour le bon sens, sinon pourrais-je le fréquenter? Mais les soins dont j'entoure la culture de ma bohème morale, c'est à sa tenue, à son confort, à son dandysme extérieur qu'il les prodigue. Vous ne sauriez croire quel orgueil il met à trancher dans les questions de vénerie!—Hé! direz-vous, que fait-il alors dans cette retraite?—En vérité, je soupçonne parfois qu'avec plus de fortune il ne serait pas ici.

Ces petites réflexions où, pour la première fois, je me différenciais de Simon, je ne les lui communiquai pas. Pourquoi le désobliger?

Benjamin Constant l'a vu avec amertume. Deux êtres ne peuvent pas se connaître. Le langage ayant été fait pour l'usage quotidien ne sait exprimer que des états grossiers; tout le vague, tout ce qui est sincère n'a pas de mot pour s'exprimer. L'instant approche où je cesserai de lutter contre cette insuffisance; je ne me plairai plus à présenter mon âme à mes amis, même à souper.

J'entrevois la possibilité d'être las de moi-même autant que des autres.

Mais quoi! m'abandonner! je renierais mon service, je délaisserais le culte que je me dois! Il faut que je veuille et que je me tienne en main pour pénétrer au jour prochain dans un univers que je vais délimiter, approprier et illuminer, et qui sera le cirque joyeux où je m'apparaîtrai, dressé en haute école.

Colloque

—Benjamin Constant, mon maître, mon ami, qui peux me fortifier, ai-je réglé ma vie selon qu'il convenait?

—Les affaires publiques dans un grand centre, ou la solitude: voilà les vies convenables. Le frottement et les douleurs sans but de la société sont insupportables.

—Tu le vois, je m'enferme dans la méditation; mais on ne m'a pas offert les occupations que tu indiques, où peut-être j'eusse trouvé une excitation plus agréable.

—A dire vrai, dans la solitude je me désespérais. Dès que je le pus, je m'écriai: Servons la bonne cause et servons-nous nous-même.

—Mais comment se reconnaît la bonne cause? et jusqu'à quel point vous êtes-vous servi vous-même?

—Hé! me dit-il avec son fin sourire, j'ai servi toutes les causes pour lesquelles je me sentais un mouvement généreux. Quelquefois elles n'étaient pas parfaites, et souvent elles me nuisirent. Mais j'y dépensai la passion qu'avait mise en moi quelque femme.

—Je te comprends, mon maître; si tu parus accorder de l'importance à deux ou trois des accidents de la vie extérieure, c'était pour détourner des émotions intimes qui te dévastaient et qui, transformées, éparpillées, ne t'étaient plus qu'une joyeuse activité.

Oraison

Ainsi, Benjamin Constant, comme Simon et moi, tu ne demandais à l'existence que d'être perpétuellement nouvelle et agitée.

Tu souffris de tout ce qui t'était refusé: choses pourtant qui ne t'importaient guère. Tu te dévorais d'amour et d'ambition; mais ni la femme ni le pouvoir n'avaient de place dans ton âme. C'est le désir même que tu recherchais; quand il avait atteint son but, tu te retrouvais stérile et désolé. Tu connus ce vif sentiment du précaire qui fait dire par l'amant, le soir, à sa maîtresse: «Va-t'en, je ne veux pas jouir de ton bonheur cette nuit, puisque tu ne peux pas me prouver que demain et toujours, jusqu'à ce que tu meures la première, tu seras également heureuse de te donner à moi.»

Tu n'aimas rien de ce que tu avais en main, mais tu t'exaspéras volontairement à désirer tous les biens de ce monde. Tu trouvais une volupté douloureuse dans l'amertume. Quelques débauchés connaissent une ardeur analogue. Ils se plaisent à abuser de leurs forces, non pour augmenter l'intensité ou la quantité de leurs sensations, mais parce que, nés avec des instincts romanesques, ils trouvent un plaisir vraiment intellectuel, plaisir d'orgueil, à sentir leur vie qui s'épuise dans des occupations qu'ils méprisent. Toi-même, vieillard célèbre et mécontent, tu finis par ne plus résister au plaisir de le déconsidérer, tu passas tes nuits aux jeux du Palais-Royal, et tu tins des propos sceptiques devant des doctrinaires.

Je te salue avec un amour sans égal, grand saint, l'un des plus illustres de ceux qui, par orgueil de leur vrai Moi qu'ils ne parviennent pas à dégager, meurtrissent, souillent et renient sans trêve ce qu'ils ont de commun avec la masse des hommes. Quand ils humilient ce qui est en eux de commun avec Royer-Collard, ce que Royer-Collard porte comme un sacrement, je les comprends et je les félicite. La dignité des hommes de notre sorte est attachée exclusivement à certains frissons, que le monde ne connaît ni ne peut voir, et qu'il nous faut multiplier en nous.

II

MÉDITATION SPIRITUELLE SUR SAINTE-BEUVE

Les froids et la brume qui salissaient la Lorraine rétrécirent encore l'horizon de notre curiosité. Enfermés plus dévotement que jamais dans les minutes de notre règle, nous jouissions des vêtements amples et des livres entassés dans nos cellules chaudes.

Je lus *Joseph Delorme, les Consolations, Volupté* et le *Livre d'amour*, avec les pensées jointes aux *Portraits du lundi*. Écartant les oeuvres du critique, je m'en tins au Sainte-Beuve de la vingtième année, aux misères de celui qui s'étonnait devant soi-même et qui, par la vertu de son orgueil studieux, trouvait des émotions profondes dans un infime détail de sa sensibilité.

A cette époque déjà, il voulait le succès, car né dans une bonne bourgeoisie, il tenait compte de l'opinion des hommes de poids, et puis il avait des vices qui veulent quelque argent. Toutefois, son âme inclinait vers la religion. Ce mysticisme fait des inquiétudes d'une jeunesse sans amour et de son impatience ambitieuse, n'était en somme que ce vague mécontentement qu'il assoupit plus tard entre les bras vulgaires des petites filles et dans un travail obstiné de bouquiniste. Son mysticisme alla s'atrophiant. Mais à vingt-cinq ans son rêve était précisément de la cellule que nous construisons dans l'atmosphère froide du monotone Saint-Germain.

Application des sens

Au Louvre, dans la salle Chaudet, musée des sculptures modernes, parmi les médaillons de David, en se dressant sur la pointe des pieds, on peut étudier le Sainte-Beuve de 1828. Sa vieille figure des dernières années, trop grasse et d'une intelligence sensuelle, ne fait voir que le plus matois des lettrés, tandis qu'il est vraiment notre ami, ce jeune homme grave, timide et perspicace qui a senti deux ou trois nuances profondément.

Il s'était composé de la vie une vision sentimentale et dominée par un dégoût très fin. Cette intelligence frissonnante fut la plus minutieuse, la plus exaltée, la plus érudite, la plus sincère, jusqu'au jour où, envahie de paresse, elle se négligea soi-même pour travailler simplement, et dès lors eut du talent, de l'avis de tout le monde, mais comme tout le monde.

Jeune homme, si dégoûté que tu cédas devant les bruyants, ne souillons pas notre pensée à contester avec les gens de bon sens qui sacrifient ton adolescence à ta maturité. Il n'est que moi qui puisse te comprendre, car tu me présentes, poussés en relief, quelques-uns de mes caractères.

A vingt-cinq ans, sous le même toit que ta mère, dans ta chambre, tu travailles. Je vois sur tes tables des poètes, tes contemporains, des mystiques, tels que l'*Imitation* et Saint-Martin, des médecins philosophes, Destut de Tracy, Cabanis, puis des journaux, des revues, car ton esprit toujours inquiet accepte les idées du hasard, en même temps qu'il poursuit un travail systématique. J'entends ta voix, un peu forte sur certains mots, et qui n'achève pas; à peine tes phrases indiquées, tu sembles n'y plus tenir.

Dans cette belle crise d'une sensibilité trop vite desséchée, Sainte-Beuve attachait peu d'importance au fruit de sa méditation. De la pensée, il ne goûtait que la chaleur qu'elle nous met au cerveau. Il aimait mieux suivre les voltes de sa propre émotion que convaincre; il dédaignait les sentiments qu'on raconte et qui dès lors ne sont plus qu'une sèche notion. De là cette mollesse à soutenir son avis, ce brisé dans le développement de ses idées. Il savait que Dieu seul, pénétrant les coeurs, peut juger la sincérité d'une prière.... Ceux de ma race, eux-mêmes, imagineront-ils l'ardeur du sentiment d'où sort ici cette tiède méditation?

Méditation

A considérer longuement Sainte-Beuve, je vois que son extrême politesse et sa compréhension ne sont accompagnées d'aucune sympathie pour ceux mêmes qu'il pénètre le plus intimement. Il est là, très timide et très jeune, avec une indication de sourire dans une raie au-dessus des yeux et quelque chose de si complexe dans l'intelligence qu'on ne le sent qu'à demi sincère. Que sa bouche et ses yeux indiquent de réflexion! Est-ce une nuance d'envie, ce mécontentement qui pâlit son visage? C'est la fatigue, l'inquiétude d'un voluptueux las, d'un voluptueux qui ne fournit pas à ses sensualités des satisfactions larges, parce qu'il faudrait de la persistance, et que, les crises passées, son intelligence ne s'attarde pas.

Tu n'as pas d'yeux pour vivre sur un décor, tu ne te satisfais qu'avec des idées, et tu te dévorerais à t'interroger si l'on ne te jetait précipitamment des systèmes et des hommes à éprouver. C'est ainsi qu'il me faut sans trêve des émotions et de l'inconnu, tant j'ai vite épuisé, si variés qu'on les imagine, tous les aspects du plus beau jour du monde.

Dans la suite, la sécheresse t'envahit parce que tu étais trop intelligent. Tu dédaignas de servir plus longtemps de mannequin à des émotions que tu jugeais.

Heureux les pauvres d'esprit! comme ils ne se forment pas des idées claires sur leurs émotions, ils se plaisent et ils s'honorent; mais toi, tu t'irritais contre toi-même, et tu n'étais pas plus satisfait de ta vie intime que des événements. Tu savais que tu vivais médiocrement, sans imaginer comment il fallait vivre.

Colloque

Je t'aime, jeune homme de 1828. Le soir, après une journée d'action, j'ai senti, moi aussi, et jusqu'à souhaiter que soudain dix années m'éloignassent de ce jour, un triste mécontentement; je me suis désolé d'être si différent de ce que je pourrais être, d'avoir par légèreté peiné quelqu'un, et encore d'avoir donné à ma physionomie morale une attitude irréparable.

Parfois, je suis touché de regrets en considérant les hommes forts et simples. Et j'approuve ton Amaury auquel en imposait le caractère poussant droit de M. de Couaen. Parfois, et bien qu'ils nous gênent, il nous arrive de fréquenter des sectaires, pour surprendre le secret qui les mit toute leur vie à l'aise envers eux-mêmes et envers les autres. Mais, aussi fermes qu'eux dans les nécessités, nous leur en voulons de ce manque d'imagination qui les empêche de supposer un cas où ils pourraient ne plus se suffire, et qui les rend durs envers certaines natures chancelantes, plus proches de notre coeur parce qu'elles connaissent la joie douloureuse de se rabaisser.

Je crois que, dans l'intimité de ton coeur, tu haïssais, au noble sens et sans mauvais souhait, Cousin et Hugo. Mais tu as voulu penser et agir selon qu'il était *convenable*; et autant que te le permirent tes mouvements instinctifs, tu côtoyas ces natures brutales dont tu souffris.

Ainsi, peu à peu, tu quittais le service de ton âme pour te conformer à la vision commune de l'univers. C'était la nécessité, as-tu dit, qui te forçait à abdiquer ta personnalité excessive; c'était aussi lassitude de tes casuistiques où toujours tu voyais tes fautes. Tu t'es moins aimé; tu t'es borné à ce Sainte-Beuve compréhensif où tu te réfugiais d'abord aux seules heures de lassitude cérébrale. Oublieux de toi-même, tu ne raisonnas plus que sur les autres âmes. Et ce n'était pas, comme je fais, pour comparer à leurs sensibilités la tienne et l'embellir, c'était pour qu'elle existât moins. Je te comprends, admirable esprit; mais comme il serait triste qu'un jour, faute d'une source intarissable d'émotions, j'en vinsse à imiter ton renoncement!

Ce n'est pas à la vie publique que tu demandais l'émotion. A l'âge ou Benjamin Constant était ambitieux et amant, tu fus amoureux et mystique. Si tu n'a pas eu ce don de spiritualité chrétienne qui retrouve Dieu et son intention vivante jusque dans les plus petits détails et les moindres mouvements, du moins tu te l'assimilas. Tu pleurais de dépit de n'être pas aimé et de ne pas aimer Dieu. Tu as jusqu'à l'épithète un peu grasse et sensuelle du prêtre qui désire. Ta rêverie religieuse était pleine de jeunes femmes; tu n'étais pas précisément hypocrite, mais leur présence t'encourageait à blâmer la chair. Dès que le sentiment te parut vain, tu ne t'obstinas pas à te faire aimer et vers le même temps, tu cessas de vouloir croire. C'était fini de tes merveilleux frissons qui te valent mon attendrissement; tu ne fus désormais que le plus intelligent des hommes.

Oraison

Toi qui as abandonné le bohémianisme d'esprit, la libre fantaisie des nerfs, pour devenir raisonnable, tu étais né cependant, comme je suis né, pour n'aimer que le désarroi des puissances de l'âme. Ta jeune hystérie se plaisait dans la souffrance; l'humiliation fit ton génie. Ton erreur fut de chercher l'amour sous forme de bonheur. Il fallait persévérer à le goûter sous forme de souffrance, puisque celle-ci est le réservoir de toutes les vertus.

... Et nous-mêmes, malheureux Simon, qui ne trouvons notre émotion que dans les froissements de la vie, n'installons-nous pas notre inquiète pensée dans un cadre de bureaucratie! Ah! que j'aie fini d'être froissé, et je n'aurai plus que de l'intelligence, c'est-à-dire rien d'intéressant. Mon âme, maîtresse frissonnante, ne sera plus qu'une caissière, esclave du doit et avoir, et qui se courbe sur des registres.

Nous fîmes d'autres méditations, en grand nombre. Nous nous attachions surtout aux personnes fameuses qui eurent de la spiritualité.

Benjamin Constant, pour s'émouvoir, avait besoin de désirer le pouvoir et l'amour; Sainte-Beuve ne fut lui que par ses disgrâces auprès des jeunes femmes; mais d'autres atteignent à toucher Dieu par le seul effort de leur sensibilité, pour des motifs abstraits et sans intervention du monde intérieur. Ceux-là sont tout mon coeur.

Chers esprits excessifs, les plus merveilleux intercesseurs que nous puissions trouver entre nous et notre confus idéal, pourquoi confesserais-je le culte que je vous ai! Vous n'existez qu'en moi. Quel rapport entre vos âmes telles que je les possède et telles que les dépeignent vos meilleurs amis! Il n'est de succès au monde que pour celui qui offre un point de contact à toute une série d'esprits. Mais cette conformité que vos vulgaires admirateurs proclament me répugne profondément. Vous n'atteignez à me satisfaire qu'aux instants où vous dédaignez de donner aucune image de vous-même aux autres, et quand vous touchez enfin ce but suprême du haut dilettantisme, entrevu par l'un des plus énervés d'entre vous: «Avant tout, être un grand homme et un saint pour soi-même...» Pour soi-même!... dernier mot de la vraie sincérité, formule ennoblie de la haute culture du Moi qu'à Jersey nous nous proposions.

Simon et moi, nous eûmes le grand sens de ne pas discuter sur les mérites comparés des saints. Encore qu'ils se contredisent souvent, je les soigne et je les entretiens tous dans mon âme, car je sais que pour Dieu il y a identité de toutes les émotions. Mais j'entrevois que ces couches superposées de ma conscience, à qui je donne les noms d'hommes fameux, ne sont pas tout mon Moi. Je suis agité parfois de sentiments mal définis qui n'ont rien de commun avec les Benjamin Constant et les Sainte-Beuve. Peut-être ces intercesseurs ne valent-ils qu'à m'éclairer les parties les plus récentes de moi-même....

Il est certain que nos dernières méditations avaient été d'une grande sécheresse. Nous pressions une partie de nous-mêmes déjà épuisée. Ce n'étaient plus que redites dans la bibliothèque de Saint-Germain. Et, à mesure que les livres cessaient de m'émouvoir, de cette église où j'entrais chaque jour, de ces tombes qui l'entourent et de cette lente population peinant sur des labeurs héréditaires, des impressions se levaient, très confuses mais pénétrantes. Je me découvrais une sensibilité nouvelle et profonde qui me parut savoureuse.

C'est qu'aussi bien mon être sort de ces campagnes. L'action de ce ciel lorrain ne peut si vite mourir. J'ai vu à Paris des filles avec les beaux yeux des marins qui ont longtemps regardé la mer. Elles habitaient simplement Montmartre, mais ce regard, qu'elles avaient hérité d'une longue suite d'ancêtres ballottés sur les flots, me parut admirable dans les villes. Ainsi, quoique jamais je n'aie servi la terre lorraine, j'entrevois au fond de moi des traits singuliers qui me viennent des vieux laboureurs. Dans mon patrimoine de mélancolie, il reste quelque parcelle des inquiétudes que mes ancêtres ont ressenties dans cet horizon.

A suivre comment ils ont bâti leur pays, je retrouverai l'ordre suivant lequel furent posées mes propres assises. C'est une bonne méthode pour descendre dans quelques parties obscures de ma conscience.

CHAPITRE VI

EN LORRAINE

Notre ermitage de Saint-Germain était situé à peu près sur la limite, entre la plaine et la montagne. Le Lorrain de la plaine, qui a derrière lui de belles annales et tout un essai de civilisation, ne ressemble guère au montagnard, au vosgien vigoureux qui s'éveille d'une longue misère incolore. Simon et moi qui sommes depuis des siècles du plateau lorrain, nous n'hésitâmes pas à tourner le dos aux Vosges. Puisque nous cherchons uniquement à être éclairés sur nos émotions, le pittoresque des ballons et des sapins n'a rien pour satisfaire notre manie. Même nous nous bornerons à la région que limitent Lunéville, Toul, Nancy et notre Saint-Germain: c'est là que notre race acquit le meilleur d'elle-même. Là, chaque pierre façonnée, les noms même des lieux et la physionomie laissée aux paysans par des efforts séculaires nous aideront à suivre le développement de la nation qui nous a transmis son esprit. En faisant sonner les dalles de ces églises où les vieux gisants sont mes pères, je réveille des morts dans ma conscience. Le langage populaire a baptisé ce coin «le coeur de la Lorraine». Chaque individu possède la puissance de vibrer à tous les battements dont le coeur de ses parents fut agité au long des siècles. Dans cet étroit espace, si nous sommes respectueux et clairvoyants, nous pouvons connaître des émotions plus significatives qu'auprès des maîtres analystes qui, hier, m'éclairaient sur moi-même.

PREMIÈRE JOURNÉE

NAISSANCE DE LA LORRAINE

A la station qui précède immédiatement Nancy, au bourg de Saint-Nicolas, nous sommes descendus du train, car il convient d'entrer dans l'histoire de Lorraine par une visite à son patron. Dans son église flamboyante, nous saluons Nicolas, debout près de sa cuve et des petits enfants. Cette malheureuse localité, qu'illustrent encore cette cathédrale et des légendes, fut ruinée par des guerres confuses; elle était riche et, pour la piller, tous les partis se mirent quarante-huit heures d'accord. Le noble évêque de Myre perdit sa domination. Il ne touche plus aujourd'hui que les petits enfants; même il prête un peu à rire comme un bonhomme grossier. Le Lorrain, comme j'ai moi-même coutume, honore mal le souvenir de ses émotions passées; c'est bon au Breton de s'émouvoir encore où tremblaient ses pères. Mous rapetissons ce que nous touchons, et nous nous plaisons à gouailler.

Cet hommage rendu au protecteur, nous primes une voiture pour assister au premier jour de la Lorraine, et visiter les lieux où cette nation naquit, en se constituant patrie par un effort contre l'étranger. C'est entre Saint-Nicolas et Nancy que René II, appuyé des Suisses, tua le Téméraire. Victoire de grande conséquence, qui nous délivra des étrangers et d'une civilisation que nous n'avions pas choisie! Secousse de terreur, puis de joie, dans lequel ce pays s'accouche! Dès lors il y a un caractère lorrain.

Charles de Bourgogne, le Téméraire! Quelle magnifique aisance dans ses allures bruyantes et romantiques! Auprès des grands crus de Bourgogne qui mettent la confiance au coeur le plus hésitant, comment se tiendra le petit vin de Moselle, de vin un peu plat, froid et dont la saveur n'étonne pas tout d'abord, maiscute;duit un délicat réfléchi! Comment René II, faible prince qui parcourt en suppliant les rudes cantons suisses, a-t-il pu triompher?

Dans la vie, fréquemment, Simon et moi nous avons rencontré ces êtres tout brillantés, menant grand tapage, apoplectiques de confiance en soi; nous ne les aimions guère et toujours les dépassions. A l'usage, il apparaît qu'un René II, avec sa douceur un peu grise, n'est pas un dépourvu; il est réfléchi, persévérant, et sa modestie le sert mieux que forfanterie. Dans l'histoire, l'extrême simplicité de sa tenue passe infiniment en élégance, du moins pour l'homme de goût, l'ostentation de votre Téméraire. Après la victoire, quelle gravité ingénieuse dans les paroles modérées qu'il adresse au cadavre vaincu et dans l'inscription que notre cocher nous fit lire à la

Commanderie Saint-Jean, où le Bourguignon subit la ruine et de grands coups d'épée! La magnanimité de René n'a rien de théâtral, et s'il honore Charles d'un splendide service funèbre, c'est qu'il voulait publier devant son peuple épouvanté la définitive innocuité du brutal adversaire.

Nous avions suivi le corps du Téméraire dans Nancy, et jusque dans cette partie dite Ville-Vieille, où il fut publiquement exposé. Quand nous rêvions près la pierre tombale de René, dans la froide église des Cordeliers, le soir vint, qui, dans les lieux sacrés, nous dispose toujours à la mélancolie. Une race qui prend conscience d'elle-même s'affirme aussitôt en honorant ses morts. Ce sanctuaire national, reliquaire des gloires de Lorraine, mais incomplet comme le sentiment qu'eut jamais de soi ce peuple, date de René II. Les dentelures dorées qui festonnent autour de sa statue moderne, toute cette végétation délicate de figurines et l'élégance de l'ensemble nous reportaient à ces premières époques de la Lorraine, d'une grâce bonhomme, si dépourvue d'emphase. Dans cette maison des souvenirs, nous ne vîmes aucun désir d'étonner. Ces images de morts sans morgue ne se préoccupent ni de la noblesse classique, ni de la pompe. René II aimait le peuple, c'est ainsi qu'il séduisit les cantons suisses, et il fêtait l'anniversaire de la victoire de Nancy, chaque année, en buvant avec les bourgeois; Jeanne était à l'aise avec les grands, et la soeur en toute franchise des petits; Drouot, quittant la gloire de la Grande Armée, où il fut le plus simple des héros, acheva sa vie en brave homme parmi ses concitoyens. C'est mal dire qu'ils aiment le peuple, ils ne s'en distinguent pas. Leur race se confond avec eux-mêmes.

Simon et moi nous comprîmes alors notre haine des étrangers, des *barbares*, et notre égotisme où nous enfermons avec nous-mêmes toute notre petite famille morale. Le premier soin de celui qui veut vivre, c'est de s'entourer de hautes murailles; mais dans son jardin fermé il introduit ceux que guident des façons de sentir et des intérêts analogues aux siens.

DEUXIÈME JOURNÉE

LA LORRAINE EN ENFANCE

Cette partie ancienne de Nancy, la «Ville-Vieille», est bien fragmentaire; elle fut perpétuellement refaite. Cette race nullement endormie, mais de trop bon sens, hésitait à affirmer sa personnalité. Sa finesse, son sentiment exagéré du ridicule l'entravèrent toujours. Chaque génération reniait la précédente, sacrifiait les oeuvres de la veille à la mode de l'étranger. Leur «Chapelle Ronde», monument national s'il en fût, copie la Chapelle des Médicis de Florence, mais avec maigreur, économie. Le Lorrain n'a pas d'abondance dans l'invention, et ne fut jamais prodigue. Les successeurs de René, ayant visité les palais de la Renaissance, rebâtirent le palais ducal. Cette race à son éveil craint de se confesser; peu de pierres ici qui puissent nous conter les origines de nos âmes.

Pourtant une vierge de Mansuy Gauvain, dans l'église de Bon-Secours, est tout à fait significative. Voilà nos primitifs! Nous nous agenouillons devant une Mère, et dans son manteau entr'ouvert tout un peuple se précipite. Ces enfants me touchent, si intrépides contre le Bourguignon et qui expriment leur rêve par cette image sincère, je vois qu'ils ont beaucoup souffert. Ils conçoivent la divinité non sous la forme de beauté, mais dans l'idée de protection. Florence, leur soeur, et qui donne parfois l'image la plus approchante de cet idéal de clarté froide, d'élégance sèche, que les meilleurs Lorrains entrevoyaient, Florence prend les loisirs d'embellir l'univers. Ceux-ci, dans la nécessité de sauver d'abord leur indépendance, mettent leur orgueil, leur art naissant, toutes leurs ressources dans des remparts.

Cernés d'étrangers qui les inquiètent, sous l'oeil des barbares, ils n'ont pas le loisir de se développer logiquement. La grâce, qui pour un rien eût apparu, presque mélancolique, dans le petit prince René II, n'aboutit pas en Lorraine. Ils n'ont pas créé un type de femme: Jeanne d'Arc, que d'autres peuples eussent voulu honorer en lui prêtant les charmes des grandes amoureuses, demeure, dans la légende lorraine, celle qui protège, et cela uniquement. Elle est la soeur de génie de René II; persévérante, simple, très bonne et un peu matoise. Celle de qui l'Espagne et l'Italie fussent devenues amoureuses, est ici une vierge nullement troublante: nos pères affirment que Jeanne ignora toujours les misères physiques de la femme. Cette légende de Lorraine n'est-elle pas plus belle, selon le penseur, que les tendres soupirs du Tasse! Voilà bien le même sentiment qui fit agenouiller ce peuple devant la mère gigogne de Mansuy Gauvin, devant la vierge de Bon-Secours. Et moi, Simon, sous l'oeil des barbares, comme eux je ne savais que dire: «Qui donc me secourra?»

Dans le palais ducal de la «Ville-Vieille», nous avons visité le musée historique lorrain. Les premières salles sont consacrées aux époques gallo-romaines et mérovingiennes; nous y interrogions vainement les plus anciens souvenirs de notre Être. C'est la même ignorance que nous trouvions, le lendemain, aux champs où fut Scarponne, chez ces pauvres enfants qui nous vendirent des médailles romaines arrachées à ces terrains déserts. Et pourtant, les ondulations de ces plaines où Attila et les siècles ne laissèrent pas même une ruine, émeuvent des voyageurs avertis. Quelque chose de nous autres Lorrains vivait déjà à ces époques lointaines. Mais qu'il est obscur, indéchiffrable, le frisson qui nous attire vers cette vieille poussière de nos ancêtres! Nous visitâmes, sans plus de profit, les fermes mérovingiennes de Savonne et de Vendières, et près de là des grottes qui jadis furent habitées. La neige désolait les campagnes. La tristesse de l'hiver, un décor lamentable de pluie et de silence nous aident d'habitude à imaginer le passé, mais comment retrouverons-nous dans notre conscience aucune parcelle de ces hommes lointains, qui ne contribuèrent en rien à former notre sensibilité. A Laître-sous-Amance, enfin, nous contemplons une des plus anciennes images où la Lorraine se soit exprimée. Bien pauvre encore, mal différenciée de tout ce qui se faisait autour d'elle, et si chétive! C'est un portail avec quelques sculptures du onzième siècle. A Toul, grâce à des souvenirs de l'organisation municipale romaine, la commune populaire se forma plus vite, sous la protection des évêques, et le treizième siècle s'affirma dans l'église Saint-Gengoult et des fragments de Saint-Étienne.

En vérité le service que René II a rendu à la Lorraine est immense; il lui a créé une conscience. L'enfant, qui n'avait qu'une vie végétative, s'individualisa; il existait confusément, il voulut vivre. Il l'avait montré au Bourguignon, il le rappela aux luthériens en 1522.

TROISIÈME JOURNÉE

LA LORRAINE SE DÉVELOPPE

Cette *Ville-Vieille*, ce *musée lorrain*, tout incomplets, éveillent à chaque pas des traits délicats de ma sensibilité; ils me ravissent par la clarté qu'ils apportent dans mes émotions familières, ils m'attristent parce qu'ils me font toucher l'irrémédiable insuffisance de l'âme que me fit cette race.

Deux grandes causes d'échec pour la Lorraine: le pays fut si tourmenté que les artistes, c'est-à-dire une des parties les plus conscientes de la race, désertaient continuellement, s'établissaient en Italie, s'y déformaient; bons ou mauvais, ils devenaient Italiens en Lorraine. Puis il n'y eut pas de riche bourgeoisie pour s'enorgueillir d'un art local, mais une aristocratie, sans cesse en rapport avec des pays plus puissants, honteuse de sentir son provincial et prenant le bel air de France ou d'Italie.

Pourtant, le palais ducal, modifié dans le goût Renaissance et dont les quatre cinquièmes ont disparu, nous fait voir un côté de l'âme lorraine, l'esprit gouailleur; une gouaillerie nullement rabelaisienne, jamais lyrique, mais faite d'observation, plutôt matoise que verveuse. C'est de la caricature, sans grande joie. Le sec Callot, sec en dépit de l'abondance studieuse de ses compositions, appartient à la jeunesse de la race; le grouillement et l'émotion des guerres qu'il a vues le soutiennent. Mais Grand ville, si mesquin et pénible, devait être le dernier mot de cette veine qui n'aboutit pas. On la sent pourtant bien personnelle, la malice de ce petit peuple; si cette race eût été heureuse, elle possédait l'élément d'un art particulier. Les légendes, chansons, anecdotes, la finesse si particulière de ses grands hommes, et même aujourd'hui le tour d'esprit des campagnards établissent bien qu'un certain comique se préparait. Cette verve, toujours un peu maigre, épuisée par les guerres et l'éloignement des artistes, alla se desséchant. Il ne resta plus de cette promesse qu'une tendance déplorable au précis, au voulu, un acharnement à l'élégance méticuleuse.

Au quinzième siècle, à côté de cette grêle malice, l'âme lorraine fait voir un sens humain de la vie très profond, une grande pitié. Ce petit peuple, qui s'agenouillait devant la Dame de Bon-Secours et qui haïssait la servitude, ne laissait pas de ressentir des frissons tragiques. Comme Michel-Ange, qui presque seul au milieu d'un peuple d'imagination riante, reçut une empreinte des horreurs de l'Italie guerrière, Ligier-Richier dramatisa parmi les Lorrains, qui, sans trêve foulés, gouaillaient. Quelle simplicité, quelle franchise! Il est bien le frère des héros naïfs de cette race! Ah! l'admirable voie que c'était là! Ne discutons pas la force sublime de l'Italien, mais à Saint-Michel, près de *la Mise au tombeau*, à l'église des Cordeliers, près du *monument de Philippe de Gueldres*, nous rêvons un art débarrassé de cette rhétorique qu'à certains jours on croit toucher dans Michel-Ange: un art ayant toute la saveur tragique du langage populaire, où n'atteint jamais la plus noble éloquence des poètes. Mais cette race mal consciente d'elle-même, qui venait d'enfanter obscurément le génie de Ligier-Richier, se mit toujours à l'école chez ses voisins. Elle ignora quel fils elle portait. Cette beauté impérieuse dont Ligier a vêtu la mort, aujourd'hui encore est mal connue. Une vague légende, d'ailleurs insoutenable, voilà tout ce que savent les Lorrains: Michel-Ange rencontrant l'artiste lui aurait fait l'honneur de l'emmener avec lui. Eh! grand Dieu! le sot éloge!

Ces deux Lorraines échouèrent, la Lorraine de l'ironie comme celle de la grandeur sans morgue, pour avoir ignoré leur génie et douté d'elles-mêmes timidement. Le sentiment qui donnait à cette race une notion si fine du ridicule lui fit peut-être craindre de s'épancher. A chaque génération, elle se rétrécit. Son art n'a jamais d'abandon ni d'audace, tout est voulu: suppression des détails significatifs, imitation des écoles étrangères. La meilleure partie de la Lorraine, sa noblesse et ses artistes, toujours avaient soupiré avec une admiration naïve vers l'Italie; à Claude Gellée il fut donné d'y vivre. Il porta dans l'école romaine nos instincts et notre discipline. Il peignit ce ciel, cette terre et cette mer dans une lumière si vaporeuse, avec une harmonie si impossible, qu'on peut dire vraiment qu'en copiant, c'était son rêve, notre rêve, qu'il exprimait. C'était une désertion. Il profitait de l'idéal de ces ancêtres, pour en fortifier l'Italie; il n'a pas accru la conscience de sa race.

Après lui, la Lorraine, qui l'ignora, comme elle avait méconnu Ligier-Richier, dessèche de plus en plus sa veine. Et l'effort du dernier artiste sorti vraiment de l'âme populaire, le dernier travail ne devant rien à l'étranger, sera cette admirable grille du serrurier Jean Lamour: une dentelle en fer.

Qu'importe si la délicieuse statue de Bagard (1639-1709), garçonnière maligne et touchante qui porte un médaillon, nous ravit et nous retient longuement dans le rez-de-chaussée du *musée lorrain*! C'est une grande dame raffinée; sa spirituelle afféterie mondaine ferait paraître un peu grossière la simplicité, la gouaillerie de nos meilleurs aïeux. Elle est bien du passé, l'âme lorraine: Bagard n'y songe guère.... Et nous-mêmes, Simon, il nous faut un effort pour la retrouver sous nos âmes acquises. Cette jeune femme, cette Française, c'est toute notre sensibilité à fleur de peau, une floraison toute neuve, pour laquelle, comme Bagard, comme la Lorraine entière d'aujourd'hui, nous avons dédaigné de cultiver le simple jardin sentimental hérité de nos vieux parents.

QUATRIÈME JOURNÉE

AGONIE DE LA LORRAINE

Ne quittons pas si vite un peuple qui voulait se développer. Nous savons quels tâtonnements, quelles misères c'est de chercher sa loi.

Des échecs si nobles valent qu'on s'y intéresse. Allons voir ces plaines de Vézelize, tous ces champs de bataille sans gloire où la Lorraine s'épuisa. Quelques traits de ce peuple s'y conservent mieux que dans les villes; car, à Nancy, vingt courants étrangers ont renversé, submergé l'esprit autochtone.

La campagne est plate, assez abondante, pas affinée, peut-être maussade, sans joie de vivre. Les physionomies n'ont pas de beauté; les petites filles font voir une grimace vieillotte, malicieuse sans malveillance; en rien cette race, d'ailleurs de grande ressource et saine, n'a poussé au type. Par les après-midi d'été, on se réunit au «Quaroi» et les femmes, travaillant dans l'ombre que découpent les maisons, se donnent le plaisir de ridiculiser.

Quels souvenirs ont-ils gardés de jadis? Par les écoles, les inscriptions locales, ils savent une vague bataille de Nancy, où René II leur donna la vie; puis Stanislas, qui fut leur agonie. Mais dans le peuple, c'est la tradition des Suédois qui domine; chaque ville en raconte quelque horreur. Ils tuèrent vraiment la Lorraine. Ils saccagèrent tout, Richelieu s'applaudissant. Même les amis du duc Charles IV estimèrent sage de s'approprier les dernières ressources de ceux qu'ils ne pouvaient défendre. Cent cinquante mille bandits, aidés d'autant de femmes, piétinaient le pays dont la ruine se prolongea jusqu'à la fin du siècle. Cependant la race lorraine affamée s'entre-dévorait. Il y avait dans les campagnes des pièges pour hommes, comme on en met aux loups; des familles mangèrent leurs enfants, et même des jeunes gens, leurs grands-parents. Toutefois ce pauvre peuple se réjouissait à quelques petits déboires de ses ennemis, tels que des évasions de prisonniers, et surtout prenait son plaisir aux bons tours de l'extraordinaire Charles IV.

Étrange fou, que produisit ce pays raisonnable dans les violentes convulsions de son agonie! Il semble que Charles IV ait gâché en une vie toute l'énergie qui, dépensée sagement dans une suite d'hommes, eût été féconde en grandes choses. C'est le va-tout d'une situation désespérée, d'une race qui sent l'avenir lui manquer. En Charles IV, il y a pléthore, qualités lorraines à trop haute pression, mais il ne contredit pas les caractères de sa race.

Ce merveilleux aventurier, avec les tresses blondes de ses cheveux pendants et ses souples voltiges d'écuyer devant les femmes de Louis XIII, était sagace, pratique, d'éloquence simple, et pas chevaleresque le moins du monde. Il avait le don de plaire à tous, mais se gardait de tous. Ce fantasque, ce railleur qui ne sut même pas s'épargner dans ses bons contes, ce perpétuel irrésolu désirait violemment, et souvent il demeura ferme dans son sentiment. C'est, au résumé, un Lorrain des premiers temps, mais avec toute la fièvre inquiète d'un peuple qui va mourir.

Charles IV ne nous montre qu'un trait nouveau, le désir de paraître; c'est qu'il avait été élevé à la cour de France, et que les circonstances le forcèrent toute sa vie à vivre parmi les étrangers; or nous avons vu le caractère, l'art lorrains, toujours craintifs de paraître ridicules, prendre l'air à la mode. Par-dessous sa brillante chevalerie, c'était essentiellement un capitaine brave et gouailleur, sachant plaire sans effort aux hommes simples, l'un d'eux vraiment, comme on le vit bien, après cette fleur de jeunesse à la française, dans sa tenue de vie et dans ses projets de mariage qui scandalisèrent si fort Paris et Versailles, sans qu'il s'émût le moins du monde. Le malheur l'avait remis dans la logique de sa race.

C'est du haut de Sion, pèlerinage jadis fameux, aujourd'hui attristé de médiocrité, que, moins distraits par le détail, nous prenons une possession complète de la grandeur et de la décadence lorraine. Devant nous, cette province s'étend sérieuse et sans grâce, qui fut le pays le plus peuplé de l'Europe, qui fit pressentir une haute civilisation, qui produisit une poignée de héros et qui ne se souvient même plus de ses forteresses ni de son génie. Dès le siècle dernier, cette brave population dut accepter de toute part les étrangers qu'elle avait repoussés tant qu'elle était une race libre, une race se développant selon sa loi.

Du moins, la conscience lorraine, englobée dans la française, l'enrichit en y disparaissant. La beauté du caractère de la France est faite pour quelques parcelles importantes de la sensibilité créée lentement par mes vieux parents de Lorraine. Cette petite race disparut, ni dégradée, ni assoupie, mais brutalement saignée aux quatre veines.

Depuis longtemps les artistes étaient obligés de s'éloigner, en Italie de préférence, pour trouver, avec la paix de l'étude, des amateurs suffisamment riches. Les ducs enfin quittèrent le pays, où ils se maintenaient difficilement contre l'étranger, emmenant une partie de leur noblesse. Dans la masse de la population cruellement diminuée, les vides étaient comblés par des Allemands, domestiques et autres hommes de bas métier, dont fut épaissie la verve naturelle de ma race, de cette noble race qui repoussait le protestantisme (admirable résistance d'Antoine aux bandes luthériennes, en 1523).

Si je défaille, ce sera de même par manque de vigueur et non faute de dons naturels. Nous avons, mon ami et moi, les plus jolis instincts pour nous créer une personnalité. Saurons-nous les agréger? Les barbares s'imposeront peu à peu à nos âmes à cause des basses nécessités de la vie; j'entrevois les meilleures parties de nos êtres, qui s'accommodent, tant bien que mal, de rêves conçus par des races étrangères.

CINQUIÈME JOURNÉE

LA LORRAINE MORTE

Notre enquête touche à sa fin; de Sion nous descendrons à notre ermitage de Saint-Germain. Visiter Lunéville! Retourner à Nancy où nous négligeâmes la ville neuve! pourquoi prolonger ainsi la tristesse dont m'emplit l'avortement de l'âme lorraine? Dans ce château de Lunéville, les nôtres furent humiliés. Ce palais ne me parlerait que de Stanislas, un prince bon et fin, je l'accorde, mais entouré de petites femmes et de petits abbés qui, par bel air, raillaient les choses locales et copiaient Versailles. La Lorraine, dit-on, l'aima; c'est qu'elle avait perdu toute conscience de soi-même; elle était morte; seul son nom subsistait. A certains jours, mon ami et moi, nous sommes aussi capables de prendre plaisir à des plaisanteries faciles sur ce qu'il y a de plus profond et d'essentiel en nos âmes. C'est que nous vivons à peine; nous vivons par un effort d'analyse. Comme le nouveau Nancy, je m'accommode de la sensibilité que Paris nous donne toute faite. En échange d'un bonheur calme, assuré, la Lorraine a laissé à Paris l'initiative. N'est-ce pas ainsi que, lassés de heurter les étrangers, nous abandonnions notre libre développement pour adopter le ton de la majorité?

Je refuse d'admirer, sur l'emplacement du vieux Nancy de mes ducs, la place Stanislas, qui partout ailleurs m'enchanterait. Et s'il m'arrivait, devant l'élégance un peu froide de cette belle décoration, s'il m'arrivait de retrouver quelques traits de la méthode et du rêve constant de l'âme lorraine, je n'en aurais que de la tristesse, me disant: la méthode et le rêve que j'honore en moi avec tant d'ardeur n'apparaissent guère plus dans l'ordinaire de mes actions que, dans ce Nancy moderne, les vieux caractères lorrains. Ah! nos aïeux, leurs vertus et tout ce possible qu'ils portaient en eux sont bien morts. Choses de musée maintenant et obscures perceptions d'analyste.

Stanislas a créé une académie et une bibliothèque. Dans la suite, une société archéologique fut jointe à ces institutions. Seules, elles abritent ce qui peut encore vivre de la conscience lorraine. Elles sont le souvenir de ce qui n'existe plus. Où la mort est entrée, il ne reste qu'à dresser l'inventaire.

Vierge de Sion, je ne puis vous prier pour ce pays de Lorraine ni pour moi. La sécheresse dont je sais que cette race est morte m'envahit. Vous-même m'apparaissez si triste et délaissée que je vous aime avec une nuance de pitié, sans l'élan amoureux de celui qui voit sa vierge éclatante et désirée de tous. Parce que je connais l'être que j'ai hérité de mes pères, je doute de mon perfectionnement indéfini. Je crains d'avoir bientôt touché la limite des sensations dont je suis susceptible. Petit-fils de ces aïeux qui ne surent pas se développer, ne vais-je point demeurer infiniment éloigné de Dieu, qui est la somme des émotions ayant conscience d'elles-mêmes?

Mais non! il ne faut pas que je m'abandonne. Je calomnie ma race. Si elle n'a pas utilisé tous les dons qui lui étaient dispensés, il en est un qu'elle a développé jusqu'au type. Elle a augmenté l'humanité d'un idéal assez neuf. De René II à Drouot, en passant par Jeanne, une des formes du désintéressement, le devoir militaire a paru ici sous son plus bel aspect. Il y a dans ma race, non pas l'esprit d'attaque, la témérité trop souvent mêlée de vanité, mais la fermeté réfléchie, persévérante et opportune. Faire en temps voulu ce qui est convenable. On vit en Lorraine les plus sages soldats du monde, ceux que le penseur accueille. Par les armes, le Lorrain avait fondé sa race; par les armes, il essaye héroïquement de la protéger. Pressé par les étrangers, il n'eut pas le loisir de chercher d'autres procédés pour être un homme libre. Comment eût-il développé ces dons d'ironie, ce réalisme humain si noble qu'il nous fit entrevoir? Il bataillait sans trêve à côté de son duc. Le loyalisme ducal, en Lorraine, s'est fondu plus étroitement que partout ailleurs avec l'idée de patrie. Dans sa misère, cette race se consolait d'être mutilée de ses qualités naissantes en aimant ses ducs, qui furent souvent des princes exemplaires et jamais de mauvais hommes. Que je dépense la même énergie, la même persévérance à me protéger contre les étrangers, contre les Barbares, alors je serai un homme libre.

SIXIÈME JOURNÉE

CONCLUSION.—LA SOIRÉE D'HAROUÉ

Simon, un peu gâté, selon moi, par l'éducation de la rue Saint-Guillaume, ne goûtait qu'à demi mes intuitions. C'est un historien d'une réserve extrême. Il collectionne et cote les petits faits, sans consentir à recevoir d'eux cette abondante émotion qui, pour moi, est toute l'histoire. Or, les vieilles choses de Lorraine, en huit jours, avaient réveillé des belles-aux-bois qui sommeillent en mon âme;

Simon me laissa tout à les caresser. Il me précéda à Saint-Germain; d'ailleurs des repas médiocres, toujours, l'indisposèrent.

Je n'ai pas oublié cette soirée silencieuse, vers les cinq heures, dans la petite ville d'Haroué, où la vieille place est abritée de noyers malades. Le soleil de février, en s'inclinant, avait laissé dans l'air quelque douceur. J'allai, désoeuvré, jusqu'à l'étang que forment les fossés écroulés d'un château pompeux, bâti sous Léopold, et dont la froide impériosité contrarie le paysage. Je m'ennuyais d'un ennui mol, et toujours les plaines d'eau me disposèrent à la mélancolie. Il me sembla que l'eau elle-même, sous ce climat, désormais vivait avec médiocrité. Je sentais bien que des parcelles de l'ancienne âme de Lorraine, éparses encore dans ce paysage malingre d'hiver, faisaient effort pour me distraire; mais la ruine de ma nation m'avait trop lassé pour que sa douceur posthume me consolât de sa vigueur abolie; et une triste migraine me venait du plein air.

Le pâle soleil couchant offensait mes yeux, striés de fibrilles par la lampe tard allumée sur les actes et les pensées de Lorraine. Nancy, oublieuse du passé, m'avait choqué, mais dans ces campagnes, où tout est souvenir de nos aïeux et qui, repliées sur elles-mêmes, n'ont pas remplacé la grande morte qui les animait, je me sentis avec une netteté singulière l'héritier d'une race injustement vaincue. De rares paysans—mes frères, car nos aïeux communs combattaient auprès de nos ducs—passaient, me saluant, comme un ami, d'un geste grave dans ce crépuscule. Tristement je les aimais.

A cause de l'humidité je revins jusqu'à l'auberge. Avec le soir, la voiture du chemin de fer arriva, et j'eus le coeur serré que personne n'en descendît pour me presser dans ses bras.

Je dînai mal, impatient d'en finir, à la lueur du pétrole. Ensuite, quand je voulus, malgré l'obscurité profonde, faire quelques pas à l'air, car j'étais congestionné, des chiens hurlant m'intimidèrent. Je rentrai dans l'auberge, disant: «Je suis là, perdu, isolé, et pourtant des forces sommeillent en moi, et pas plus que ma race, je ne saurai les épanouir.»

Dans cette vieille salle, le silence me pénétrait d'angoisse. Je sentais bien que ce n'était que de l'inaccoutumé, que tout ce décor était en somme de bonté. Dans la nuit répandue, la Lorraine m'apparaissait comme un grand animal inoffensif qui, toute énergie épuisée, ne vit plus que d'une vie végétative; mais je compris que nous nous gênions également, étant l'un a l'autre le miroir de notre propre affaissement.

Pour rendre un peu sien un endroit qu'on ignore, où l'on n'a pas sa chaise familière, son coin de table, et où la lampe découpe des ombres inaccoutumées, le meilleur expédient est de se mettre au lit. Ce sans-gêne réchauffe la situation. Mais je n'osais appuyer ma joue sur ces draps bis; tout mon corps se sauvait en frissonnant de ces rudes toiles, où, solide et confiant en moi, je me serais brutalement enfoui au chaud.

Alors je rentrai dans mon univers. Par un effort vigoureux que facilitaient ma détresse morale et la solitude nue de cette chambre, je projetai hors de moi-même ma conscience, son atmosphère et les principales idées qui s'y meuvent. Je matérialisai les formes habituelles de ma sensibilité. J'avais là, campés devant moi comme une carte de géographie, tous les points que, grâce à mon analyse, j'ai relevés et décrits en mon âme:

D'abord un vaste territoire, mon tempérament, produisant avec abondance une belle variété de phénomènes, rebelle à certaines cultures, stérile sur plusieurs points, où des parties sont encore à découvrir, pâles indécises et flottantes.

Par-dessus ce premier moi, je vis dessinées des figures frémissantes qui semblaient parler. Ce sont les maîtres que nous interrogions à Saint-Germain, devenus aujourd'hui une partie importante de mon âme.

Je vis aussi de grands travaux accomplis par des générations d'inconnus, et je reconnus que c'était le labeur de mes ancêtres lorrains.

Or, tous ces morts qui m'ont bâti ma sensibilité bientôt rompirent le silence. Vous comprenez comment cela se fit: c'est une conversation intérieure que j'avais avec moi-même; les vertus diverses dont je suis le son total me donnaient le conseil de chacun de ceux qui m'ont créé à travers les âges.

Je leur disais: «Vous êtes l'*Église souffrante* l'esprit en train de mériter le triomphe; ne pourrai-je pas m'élever plus haut, jusqu'à l'*Église triomphante*? Comme le veut l'*Imitation*, qui guide mon effort spirituel, je me suis reposé dans vos plaies; j'ai vécu la passion de l'esprit que vous avez soufferte. Quand mériterai-je le bonheur? L'espoir de m'élever enfin auprès de Dieu me serait-il interdit? Pourquoi, mes amis, ne fûtes-vous pas heureux?»

Alors tous ceux que j'ai été un instant me répondirent.

D'abord LES JEUNES GENS (épars dans les grandes villes, au coucher du soleil): «Il n'est d'autre remède que la mort, et nous nous délivrons résolument ou par des excès désespérés.»

Moi (avec dégoût pour une pareille infirmité de philosophe): «Mes frères, votre solution ne m'intéresse pas, puisqu'elle m'est toujours offerte, puisque j'ai la certitude qu'elle me sera imposée un jour, et qu'enfin, si à l'usage elle m'apparaît insuffisante, elle ne me laisse pas la ressource de recourir à un autre procédé. D'ailleurs vous me proposez tout le contraire de mon désir, car j'aspire non pas à mourir, mais à vivre dans ce corps-ci et à vivre le plus possible.»

Alors BENJAMIN CONSTANT: «J'aurais dû ne pas demander mon bonheur aux autres.»

SAINTE-BEUVE: «J'eus tort de chercher à leur plaire.»

... Ainsi parlèrent-ils, et Moi je leur disais:

«Vous souffriez donc pour avoir accepté les Barbares! Vous, que je pris pour intercesseurs, vous n'avez même pas compris la nécessité de l'isolement, le bienfait de l'univers qu'on se crée. Vous ignoriez qu'il faut être *un homme libre*!»

Étendu sur ce lit, à la lueur tragique d'une chandelle d'auberge, je méprisai douloureusement ces gens-là; je vis qu'ils étaient grossiers. Et ces parties de moi-même, qui m'avaient enchanté jadis, m'écoeurèrent.

L'imitation des hommes les meilleurs échouait à me hausser jusqu'à toi, Esprit, Total des émotions! Lassé de ne recueillir de mes *intercesseurs* que des notions sur ma sensibilité, sans arriver jamais à l'améliorer, j'ai recherché en Lorraine la loi de mon développement. A suivre le travail de l'inconscient, à refaire ainsi l'ascension par où mon être s'est élevé au degré que je suis, j'ai trouvé la direction de Dieu. Pressentir Dieu, c'est la meilleure façon de l'approcher. Quand les Barbares nous ont déformés, pour nous retrouver rien de plus excellent que de réfléchir sur notre passé. J'eus raison de rechercher où se poussait l'instinct de mes ancêtres; l'individu est mené par la même loi que sa race. A ce titre, Lorraine, tu me fus un miroir plus puissant qu'aucun des analystes où je me contemplai. Mais, Lorraine, j'ai touché ta limite, tu n'as pas abouti, tu t'es desséchée. Je t'ai une infinie reconnaissance, et pourtant tu justifies mon découragement. Jusqu'à toi j'avais sur moi-même des idées confuses; tu m'as montré que j'appartenais à une race incapable de se réaliser. Je ne saurai qu'entrevoir. Il faut que je me dissolve comme ma race. Mes meilleures parcelles ne vaudront qu'à enrichir des hommes plus heureux.

Alors la Lorraine me répondit:

«Il est un instinct en moi qui a abouti; tandis que tu me parcourais, tu l'as reconnu: c'est le sentiment du devoir, que les circonstances m'ont fait témoigner sous la forme de bravoure militaire. Et, si découragée que puisse être ta race, cette vertu doit subsister en toi pour te donner l'assurance de bien faire, et pour que tu persévères.

«Quand tu t'abaisses, je veux te vanter comme le favori de tes vieux parents, car tu es la conscience de notre race. C'est peut-être en ton âme que moi, Lorraine, je me serai connue le plus complètement. Jusqu'à toi, je traversais des formes que je créais, pour ainsi dire, les yeux fermés; j'ignorais la raison selon laquelle je me mouvais; je ne voyais pas mon mécanisme. La loi que j'étais en train de créer, je la déroulais sans rien connaître de cet univers dont je complétais l'harmonie. Mais à ce point de mon développement que tu représentes, je possède une conscience assez complète; j'entrevois quels possibles luttent en moi pour parvenir à l'existence. Soit! tu ne saurais aller plus vite que ta race; tu ne peux être aujourd'hui l'instant qu'elle eût été dans quelques générations; mais ce futur, qui est en elle à l'état de désir et qu'elle n'a plus l'énergie de réaliser, cultive-le, prends-en une idée claire. Pourquoi toujours te complaire dans tes humiliations? Pose devant toi ton pressentiment du meilleur, et que ce rêve te soit un univers, un refuge. Ces beautés qui sont encore imaginatives, tu peux les habiter. Tu seras ton *Moi* embelli: l'Esprit Triomphant, après avoir été si longtemps l'Esprit Militant.»

LIVRE TROISIÈME

L'ÉGLISE TRIOMPHANTE

CHAPITRE VII

ACÉDIA.—SÉPARATION DANS LE MONASTÈRE

La brutalité du grand air, l'insomnie des nuits d'auberge sur des oreillers inaccoutumés et cette lourde nourriture me donnèrent une fièvre de fatigue. Au détour d'un chemin, la femme d'un cabaretier demandait à mon voiturier: «Est-ce qu'il ne va pas mourir?» C'est pour avoir eu le même doute sur ma race que je paraissais épuisé. La nuit, surtout je m'agitais infiniment. Dès l'aube, sous le cloître, je me promenais bien avant Simon, et la journée s'allongeait dans l'ennui. Toutes pensées m'étaient chétives et poussiéreuses. L'horizon gardait la désolante médiocrité des choses déjà vues. A chaque minute, je calculais quand viendrait le prochain repas, où je m'asseyais sans appétit, et la viande, entre toutes choses, me faisait horreur. Puis s'allongeait une nouvelle bande de temps.

Je suis convaincu que, pour des êtres sensibles et raisonneurs, les maladies sont contagieuses. Simon, jusqu'alors enclin à la voracité, fut pris d'un dégoût de nourriture; il était humilié d'une constipation malsaine que coupent des coliques précipitées. Écrasés dans nos bas fauteuils, et pareils au *Pauvre Pêcheur* de Puvis de Chavannes, nous nous lamentions avec minutie. Nos lèvres et nos doigts, tout notre être s'agitaient dans un désir maniaque de fumer, alors que notre estomac en avait horreur. Lentes après-midi de janvier! la campagne éclatante de neige! notre bouche pâteuse, nos dents serrées de malades, et la peau tirée de notre visage qui nous donnait un rictus dégoûté!

68

Or, nous étant regardés en face, nous eûmes le courage de mépriser à haute voix l'édifice que nous avions entrepris. Cependant que je me reniais, il me parut que je commettais une mauvaise action, et une incroyable humiliation se répandit en moi comme un flot sale. J'étais réduit à un tel enfantillage que j'aurais aimé pleurer. J'étais blessé que Simon abondât si brutalement dans mes blasphèmes car j'avais une nouvelle démarche à lui proposer. Mais je sentis bien qu'il accueillerait avec défiance mes réflexions d'Haroué.

En vain essayâmes-nous, avec une excellente fine champagne, de nous relever. J'y gagnai le soir un sommeil épais, mais dès l'aube c'était une acuité, une surexcitation d'esprit insupportable, avec, par tout le corps, des fourmillements.

Je fus obsédé, à cette époque, d'un sentiment intense, qui, sans raison apparente, se lève en moi à de longs intervalles: l'idée qu'un jour, ne fût-ce qu'à ma dernière nuit, sur mon oreiller froissé et brûlant, je regretterai de n'avoir pas joui de moi-même, comme toute la nature semble jouir de sa force, en laissant mon instinct s'imposer à mon âme en irréfléchi.

Persécuté par cette idée fixe, je serrais mon front dans mes mains, et me rejetais en arrière avec une détresse incroyable. Je crois bien que je ne désire pas grand'chose, et les choses que je désire, il me serait possible de les obtenir avec quelque effort; aussi n'est-ce pas leur absence qui m'attriste, mais l'idée qu'il viendra un jour où, si je les désirais, ce serait trop tard. Et, seule, la probabilité que, dans la mort on ne regrette rien, peut atténuer ma tristesse. C'est un grand malheur que notre instinctive croyance à notre liberté, et puisque nous ne changeons rien à la marche des choses, il vaudrait mieux que la nature nous laissât aveugles au débat qu'elle mène en nous sur les diverses manières d'agir également possibles. Malheureux spectateur, qui n'avons pas le droit de rien décider, mais seulement de tout regretter!

Parfois, dans ce désarroi de mon être, d'étranges images montaient du fond de ma sensibilité que je ne systématisais plus.

Il était six heures; depuis trente minutes peut-être nous n'avions pas ouvert la bouche. Je me pris à rêver tout haut dans cette chambre éclairée seulement par le foyer:

Peut-être serait-ce le bonheur d'avoir une maîtresse jeune et impure, vivant au dehors, tandis que moi je ne bougerais jamais, jamais. Elle viendrait me voir avec ardeur; mais chaque fois, à la dernière minute, me pressant dans ses bras, elle me montrerait un visage si triste, et son silence serait tel que je croirais venu le jour de sa dernière visite. Elle reviendrait, mais perpétuellement j'aurais vingt-quatre heures d'angoisse entre chacun de nos rendez-vous, avec le coup de massue de l'abandon suspendu sur ma tête. Même il faudrait qu'elle arrivât un jour après un long retard, et qu'elle prolongeât ainsi cette heure d'agonie où je guette son pas dans le petit escalier. Peut-être serait-ce le bonheur, car, dans une vie jamais distraite, une telle tension des sentiments ferait l'unité. Ce serait une vie systématisée.

Ma maîtresse, loin de moi, ne serait pas heureuse; elle subirait une passion vigoureuse à laquelle parfois elle répondrait, tant est faible la chair, mais en tournant son âme désespérée vers moi. Et j'aurais un plaisir ineffable à lui expliquer avec des mots d'amertume et de tendresse les pures doctrines du quiétisme: «Qu'importe ce que fait notre corps, si notre âme n'y consent pas!» Ah! Simon, combien j'aimerais être ce malheureux consolateur-là.

Elle serait pieuse. Elle et moi, malgré nos péchés, nous baiserions la robe de la Vierge. Et comme l'amour rend infiniment compréhensif, ou, mieux encore, comme elle ne connaîtrait rien de l'homme que je puis paraître au vulgaire, elle ne soupçonnerait pas un instant ma bonne foi; en sorte que mon âme indécise pourrait être, aux plis de sa robe, franchement religieuse.

Et comme Simon ne répondait pas, je repris, à cause de ce besoin naturel de plaire qui me fait chercher toujours un acquiescement:

Elle serait jeune, belle fille, avec des genoux fins, un corps ayant une ligne franche et un sourire imprévu infiniment touchant de sensualité triste. Elle serait vêtue d'étoffes souples, et un jour, à peine entrée, je la vois qui me désole de sanglots sans cause, en cachant contre moi son fin visage.

———————————————

Mon *Moi* est jaloux comme une idole; il ne veut pas que je le délaisse. Déjà une lassitude et dégoût nerveux m'avaient averti quand je me négligeais pour adorer des étrangers. J'avais compris que les Sainte-Beuve et les Benjamin Constant ne valent que comme miroirs grossissants pour certains détails de mon âme. Une fois encore mes nerfs me firent rentrer dans la bonne voie. Je poussai à l'extrême mon écoeurement, je le passionnai, en sorte qu'ennobli par l'exaltation, il devint digne de moi-même et me féconda.

Voici comment la chose se fit. J'examinais avec Simon notre désarroi et je lui disais que la difficulté n'était pas de trouver un bon système de vie, mais de l'appliquer:

—Il faudrait des nécessités intelligentes me contraignant à faire le convenable pour que je sois heureux.

—Quoi! me répondait-il, un médecin dans un hôpital? un père supérieur dans un monastère? Où prendrais-tu l'énergie de leur obéir? Et si tu la possèdes, leurs conseils sont superflus, car tu peux te les donner à toi-même.

—Je ne voudrais pas être mené avec douceur, car je me méfie de mes défaillances. C'est peut-être que mon âme s'effémine; mais elle voudrait être rudoyée. Sous un cloître, dans ma cellule, je serais heureux si je savais qu'un maître terrible ne me laisse pas d'autre ressources que de subir une discipline. Le rêve de ma race est mal employé et je désespère qu'à moi seul je puisse l'amener à la vie.

Simon protesta:

—Les hommes, dit-il, sont abjects, ou du moins ils me paraissent tels. (On se fait des imaginations qui valent des vérités: ainsi toi, pour qui chacun fut aimable, car tu es séduisant et détaché, tu te figures avoir été martyrisé.) Jamais, fût-ce pour mon bonheur, je ne reconnaîtrai la domination d'un homme. Tous, hors moi, sont des barbares, des étrangers, et la Lorraine précisément n'a pas abouti parce qu'elle dut se soumettre à l'étranger.

Et moi aussi, j'avais résolu de ne plus me conformer à des hommes. Le soir d'Haroué, j'avais renié mes «intercesseurs». Simon partageait donc, pour le fond et sans le savoir, mon opinion secrète, et pourtant je fus mécontent: c'est que, si nous arrivions à peu près au même point, c'était par des raisonnements très différents.

Je lui répliquai avec mauvaise humeur:

—Encore cet odieux sentiment de la dignité! cette morgue anglaise! cette respectability que n'abandonne pas ton Spencer lui-même! En voilà une fiction, la dignité des gens d'esprit! En toi, n'êtes-vous pas vingt à vous humilier, à vous dédaigner, à vous commander?

Ici j'eus le tort de me lever. Le ton découragé de notre entretien me mettait mal à l'aise pour lui soumettre la nouvelle méthode que j'entrevoyais, mais j'allais être victime moi-même de la dignité humaine, s'il ne me priait pas de me rasseoir. Il me laissa monter dans ma chambre.

—Tout, au monde, lui dis-je avec désespoir, est mal fait, et ce grand désordre de l'univers me blesse.

———————————

La nuit, exaltant mon indignation, me fut déplorable. Petite chose accroupie sur mon lit, dans l'obscurité et le silence, j'attendais que la douleur me lâchât. Impuissant et désespéré, j'eus le souvenir de saint Thomas d'Aquin disant à l'autel de Jésus: «Seigneur, ai-je bien parlé devant vous?» Et devant moi-même, qui ai méthodiquement adoré mon corps et mon esprit, je m'interrogeai: «Me suis-je cultivé selon qu'il convenait?»

Je me levai perdu de froid, très tard, dans une matinée de dégel. Rose, qui est trop honnête fille pour que j'en fasse des anecdotes, entrait dans ma chambre avec bonhomie, car c'était son jour. Si elle avait profité des enseignements du catéchisme, elle se fût plu (elle un peu gouailleuse) à me comparer au vieux roi David qui réchauffait sa vigueur près de jeunes Juives. Ensuite, je la priai qu'elle baissât les stores à fleurs éclatantes pour me cacher l'ignominie du monde, qu'elle activât le feu comme un four de verrier, et qu'elle se retirât. Je me recouchai tout le jour, soucieux uniquement d'interroger ma conscience.

Et dans notre conférence du soir, sans plus tarder, je dis à Simon:

—Singulière physionomie de mon âme! La disgrâce universelle me mécontente, au point que vous-même me blessez, mon cher ami, mon frère, quand vous partagez mes façons de voir. Il ne me suffit plus qu'on m'approuve. Je m'irrite de tout ce qu'on nie, quand on exalte ce que j'aime. Je vous dirai toute la vérité: je ne puis plus supporter qu'on énonce une opinion sur les choses qui sont. Je m'intéresse uniquement à ce qui devrait exister. J'ai fini de me contempler. Comme les arbres qui poussent et comme la nature entière, je me soucie seulement de mon Moi futur.

Alors Simon, avec cette façon glaciale que j'ai souvent goûtée, mais qui me déplut à cette occasion, arrêta le débat:

—Je crois comme vous que notre collaboration n'aboutira pas, car nous ne pouvons discuter que sur des points du passé. Comment nous faire en commun des idées claires sur ces obscures inquiétudes et sur ces pressentiments qui sont toutes nos notions de l'avenir! En conséquence, je retournerai volontiers à Paris, d'autant que j'ai fait des économies, et que nous approchons de mai, saison qui égayé mon tempérament.

Voilà bien la séparation que je désirais, mais ce me fut un désespoir que lui-même me l'imposât.

Je repris mon rêve d'Haroué, en feuilletant des guides Baedeker sur mon oreiller. Chacun de ces titres: *Belgique, Allemagne en trois parties, Italie,* soudain émouvait un coin de mon être. Désireux de m'assimiler ces sommes d'enthousiasmes, quel mépris ne ressentais-je pas pour tous ces maigres saints devant qui je m'étais agenouillé et qui ne sont qu'un point imperceptible dans le long développement poursuivi par l'âme du monde à travers toutes les formes!

Le lendemain je dis à Simon:

—Je n'abandonne pas le service de Dieu; je continuerai à vivre dans la contemplation de ses perfections pour les dégager en moi et pour que j'approche le plus possible de mon absolu. Mais je donne congé aux petits scribes passionnés et analystes, qui furent jusqu'alors nos intercesseurs. Ainsi que nous essayâmes en Lorraine, je veux me modeler sur des groupes humains, qui me feront toucher en un fort relief tous les caractères dont mon être a le pressentiment. Les individus, si parfaits qu'on les imagine, ne sont que des fragments du système plus complet qu'est la race, fragment elle-même de Dieu. Échappant désormais à la stérile analyse de mon organisation, je travaillerai à réaliser la tendance de mon être. Tendance obscure! Mais pour la satisfaire je me modèlerai sur ceux que mon instinct élit comme analogues et supérieurs à mon Être. Et c'est Venise que je choisis, d'autant qu'il y fait en moyenne 13°,38 en mars et 18°,23 en mai. Puis la vie matérielle y est extrêmement facile, ce qui convient à un contemplateur.

Nous nous quittâmes en nous serrant la main. La crainte de m'éloigner sur une émotion un peu banale d'un local où nous avions eu des frissons très curieux m'empêcha seule de presser Simon dans mes bras. Mais je constatai que nous nous aimions beaucoup.

CHAPITRE VIII

A LUCERNE, MARIE B...

Dans une gare, sur le trajet de Bayon à Lucerne, Milan et Venise, j'achetai un livre alors nouveau, le *Journal de Marie Bashkirtsef*. Rien qu'à la couverture, je compris que cet ouvrage était pour me plaire. Jamais mon intuition ne me trompe; je vais m'enfermer dans Venise, confiant que cette race me sera d'un bon conseil.

Cette jeune fille fut curieuse de sentir. Avec mille travers, elle se garda toujours ardente et fière. Quoiqu'elle n'ait pas nettement distingué qu'elle était mue simplement par l'amour de l'argent, qui fait l'indépendance, et par l'horreur du vulgaire, on peut la dire clairvoyante. Je l'estime. Sur le tard, elle fut effleurée par des sentiments grossiers: elle désira la gloire et elle mourut de la poitrine. Voilà deux fautes graves; au moins par la seconde fut-elle corrigée de la première. Et le fait qu'elle a disparu m'autorise à lui donner toute ma sympathie, qui prend parfois des nuances de tendresse.

Je m'arrêtai tout un dimanche à Lucerne. Les cloches sonnant sans trêve, la neige épandue sur le paysage, le froid m'accablaient de tristesse. Je me promenai le long d'un lac invisible sous le brouillard, je bus des grogs dans de vastes hôtels solitaires, et, songeant à Simon absent, à l'Italie douteuse, je craignis que sur le tard de la soirée, une crise de découragement me prît et me laissât sans sommeil dans mon lit de passage.

Un concert annonçait *le Paradis et la Péri* de Schumann. Il me parut que sous ce titre je pourrais rêver avec profit. Et tandis qu'officiaient les voix et les instruments, parmi tant de Suissesses, je me demandais: «A quoi pensait Marie? Quel monde créa-t-elle pour s'y réfugier contre la grossièreté de la vie?»

76

Les chanteurs, la musique disaient:

> *L'éclat des larmes que l'esprit répand...*

Les pleurs versés par de tels yeux ont un pouvoir mystérieux, Marie cherchait la volupté dans l'imprévu; elle fut trompée par les grands mots du vulgaire, elle eut cette honte que l'approbation des hommes la tenta. «La gloire!» disait-elle, ne comprenant pas que ce mot signifie le contact avec les étrangers, avec les Barbares. Cependant je ne puis la mépriser. Chez elle, cette indigne préoccupation ne fut pas bassesse naturelle, mais touchante folie. Sa jeunesse ardente, qu'elle refusait à la caresse grossière des jeunes gens, cherchait ailleurs des satisfactions. Elle embellissait, sans doute, par toute la noblesse de sa sensibilité, cette gloire qu'elle entrevoyait, et qui n'est pour moi que le résultat de mille calculs dont je connais l'intrigue. Un désir d'une telle ardeur purifie son objet. C'est Titania tendant ses petites mains à Bottom. *L'éclat des larmes que l'esprit répand* transfigure l'univers qu'il contemple.

Les chanteurs, la musique disaient:

> *... Ah laisse-moi puiser la fièvre...*

Marie s'égara dans sa tentative pour systématiser sa vie. Un prix au Salon annuel n'est pas, comme elle le croyait, un but suffisant à tous ces désirs vers tous les possibles qui sommeillent au fond de nous. Du moins, elle désira l'enthousiasme. Et même cette fièvre put grandir en elle avec plus de violence que chez personne, car elle était un objet délicat, nullement embarrassée de ces grossiers instincts qui ralentissent la plupart des hommes. A son contact, j'affinerai mes frissons, et mon sang brûlera d'une ardeur plus vive auprès d'un tel corps qui me semble une flamme. *Ah! laisse-moi puiser la fièvre* à m'imaginer cette jeune poitrine qui ne fut gonflée que pour des choses abstraites.

Les chanteurs, la musique disaient:

> *Dors, noble enfant, repose à jamais...*

Quoi qu'on me dise un jour, quelque dégoût qui me vienne à te relire, je te promets de continuer à te voir, selon la légende qu'aujourd'hui je me fais de toi. Comment pouvais-tu causer des heures entières avec cet artisan? à moins peut-être qu'ému par ta divine complaisance, ce petit peintre grossier n'ait été très bon et très naturel, ce qui est un grand charme! Jamais tu n'avouas aucun sentiment tendre; je veux aller jusqu'à croire que jamais tu ne ressentis le moindre trouble, même quand la date de ton dernier soupir se précisant, tu vis qu'il fallait quitter la vie sans avoir réalisé aucun de tes pressentiments de bonheur. Tu n'aurais connu que déception à chercher ta part de femme, mais ç'eût été une faiblesse bien naturelle. Je te loue hautement d'avoir vu que cette image du bonheur est vaine. *Dors, noble enfant, repose à jamais* dans ma mémoire, seule comme il faut qu'un être libre vive.

Les chanteurs, la musique disaient:

> *Au bord du lac, tranquille abri...*

Et moi, rentré au silencieux désert de mon hôtel, regrettant presque la retraite étroite, la demi-sécurité de Saint-Germain, mal soutenu par l'espoir si vague de construire mon bonheur dans Venise, tremblant que, d'un instant à l'autre, ma fatigue ne se changeât en aveu d'impuissance, je me plus à m'imaginer qu'à Simon j'avais substitué Marie, et que cette voyageuse m'allait être un compagnon idéal, dans un *tranquille abri, au bord d'un lac,* qui est l'univers entier où je veux me contempler.

CHAPITRE IX

VEILLÉE D'ITALIE

(Enseignement du Vinci)

Nous avions passé le théâtral Saint-Gothard et ses précipices. Un doux plaisir me toucha devant la fuite du lac de Lugano, quand sa rive trempée de grâce fut effleurée par le train de Milan. Au soir, nous accentuâmes la grande descente sur l'Italie. Un poitrinaire, portant à sa bouche sans cesse une liqueur d'apaisement, menait un bruit lugubre derrière moi. Mais qu'est-ce qu'un homme? J'ouvris au froid les fenêtres du wagon. Des mots historiques se pressaient dans ma tête: «Soldats, vous êtes pauvres, vous allez trouver l'abondance!» Et je me disais avec hâte: «Est-ce que je sens quelque chose?»

Cette quinzaine est une des périodes les plus honorables de mon existence; j'ai su conquérir l'émotion que je me proposais. Oui, j'allais trouver l'abondance. Et déjà, j'étais rempli de bonté. Je m'occupai du poitrinaire, je lui promis la santé, les femmes, le vin, tout ce que j'imaginais lui plaire. Même, pour qu'il sourit, je lui dis que j'étais Parisien, et je l'aidai à descendre du train dans la gare de Milan.

Décide aux plus grands sacrifices pour être enthousiasmé, dès le soir je sortis de l'hôtel et me rendis autour de la cathédrale, m'interpellant et m'exclamant (bien qu'elle me plût médiocrement) en formules admiratives, car je sais que le geste et le cri ne manquent guère de produire le sentiment qui leur correspond.

Seul avec le concierge qui simule un rhume, à l'Ambrosienne, ce matin d'hiver, j'admirai les estampes, et sur elles; interrogeai mon âme.

79

C'était encore ma sensibilité du cloître, le sentiment qui me fit demander à ma bibliothèque qu'elle me révélât à moi-même. Invincible égotisme qui me prive de jouir des belles formes! Derrière elles je saisis leurs âmes pour les mesurer à la mienne et m'attrister de ce qui me manque. L'univers est un blason, que je déchiffre pour connaître le rang de mes frères, et je m'attriste des choses qu'ils firent sans moi.

A l'Ambrosienne je vis, avec quelle ardente curiosité! un portrait d'Ignace de Loyola. Son génie logique créa une méthode, dont il obtint, sur les âmes les plus superbes, de prodigieux résultats, et que j'essaye de m'appliquer. Sa tête est une grosse boule avec une calvitie, une forte barbe courte, et une pointe au menton. Je sens comme une barre de migraine sur ses yeux et sur son front. Cet homme fut poli et froid, sans le moindre souci de plaire. Il avait des amis, mais ne se livra jamais, et nul ne put compter sur lui. S'il s'attachait, c était par une sorte d'instinct profond; le manieur d'hommes le plus souple désespère de séduire celui-là.

Quand je contemple cette physionomie impérieuse, mes lenteurs me donnent à rougir. Je n'ai pas su encore m'emparer de moi-même! Du moins j'ai visité soigneusement mes ressources, je connais les fondements de mon Être; dès lors, me perfectionnant chaque jour dans le mécanisme de Loyola, je dirigerai mes émotions, je les ferai réapparaître à volonté; je serai sans trêve agité des enthousiasmes les plus intéressants et tels que je les aurai choisis.

Sur le même mur, une gravure d'après un jeune homme de Rembrandt: la bouche entr'ouverte, la lèvre supérieure un peu relevée, les yeux superbes, mais éteints, toute la figure dégoûtée, anéantie. Je lui disais: «O mon pauvre enfant, ne me tentez pas avec votre juste accablement, car je veux loyalement faire cette tentative.»

Devant un portrait de jeune fille qui fut longtemps, mais à tort, attribué au Vinci, jeune fille gracieuse sans plus, avec une âme un peu ironique et de petite race, je trouvai un jeune homme qui pleurait.

—L'histoire de cette jeune fille est-elle touchante? lui dis-je: ni Gautier, ni Taine, ni Ruskin n'en parlent. (Je citais ces noms pour gagner sa confiance, car je pensais: voilà quelque poète.)

—Je l'ignore, me répondit-il.

—Il y a parfois des ressemblances émouvantes. (Sa vive émotion, ses pleurs me permettaient ces familiarités.)

—Je ne pense pas qu'on puisse comparer aucune fille à celle-ci.

—Eh bien! repris-je.

—Ah! me dit-il simplement, le grand homme a mis sa main là.

Je le tiens admirable pour sa foi, ce croyant. Notez que le concierge lui-même sait que le tableau n'est pas de Léonard. Puis la jeune fille, délicate, n'a aucune impériosité. Mais celui-ci, peu connaisseur, mal renseigné, est pourtant très proche de Dieu; son âme chargée d'ardeur, pour vibrer n'a nul besoin qu'un art ingénieux la caresse. C'est l'enthousiasme du charbonnier. Il saisit la première occasion de grouper les émotions dont il est rempli et d'en jouir. L'important n'est pas d'avoir du bon sens, mais le plus d'élan possible. Je tiens même le bon sens pour un odieux défaut. L'Imitation de Notre-Seigneur Jésus-Christ, cher petit manuel de la plus jolie vie qu'aient imaginée les délicats, l'a très bien vu: les pauvres d'esprit, s'ils ont cru et aimé, sont ceux qui approchent le plus de leur idéal, c'est-à-dire de Dieu. Ce n'est pas en chicanant chacun de mes désirs, en me vérifiant jusqu'à m'attrister, mais en poussant hardiment que je trouverai le bonheur.

———————————

Par un jour de pluie, j'entrai dans le cabinet du Brera; et la *Tête du Christ*, par le Vinci (l'étude au crayon rouge pour le Christ de *la Cène*), ne me laissait rien voir d'autre....

Cette journée fameuse, dont la vertu chaque jour grandit en moi, me confirme dans la méthode que j'entrevoyais depuis Haroué.

Plus jeune, par une matinée sèche d'hiver florentin, ralentissant ma promenade sur le Lung'Arno, en face des collines délicates et presque nerveuses, j'ai suivi le même ordre de réflexions. Je sortais de voir au Pitti la Simonetta, maîtresse fameuse du Magnifique, peinte par Botticelli. Combien d'efforts il me fallut d'abord pour goûter sa beauté malingre de jeune fille moricaude! Dans la suite, je vins à l'aimer; au premier regard, elle ne me donnait que de la curiosité. Il en advint ainsi de moi-même devant moi-même. Jusqu'à cette heure, je fus simplement curieux de mon âme. Je considérais mes divers sentiments, qui ont la physionomie rechignée et malingre des enfants difficilement élevés, mais je ne m'aimais pas. Or, le Vinci pour représenter le plus compréhensif des hommes, celui qui lit dans les coeurs, ne lui donne pas le sourire railleur dont il est le prodige inventeur, ni cet air dégoûté qui m'est familier; mais le Christ qu'il peint *accepte*, sans vouloir rien modifier. Il accepte sa destinée et même la bassesse de ses amis: c'est qu'il donne à toutes choses leur pleine signification. Au lieu d'étriquer la vie, il épanouit devant son intelligence la part de beauté qui sommeille dans le médiocre.

Aujourd'hui, dans cette veillée d'Italie, je vois qu'il n'y a pas compréhension complète sans bonté. Je cesse de haïr. Je pardonnerai à tout ce qui est vil en moi, non par un mot, mais en le justifiant. Je repasserai par toutes les phases de chacun de mes sentiments; je verrai qu'ils sont simplement incomplets, et qu'en se développant encore, ils aboutiront à satisfaire l'ordre. Et sur l'heure je jouirai de cet ordre.

Ainsi m'enseigna le Vinci, tandis que je le priais au Brera, étant accoudé sur la rampe de fer qui entoure la salle. La figure que son crayon traça a le sourire qui pardonne à tous les Judas de la vie, elle a les yeux qui reconnaissent dans les actions les plus obscures la direction raisonnable de Dieu, elle a le pli des lèvres qu'aucune amertume n'étonne plus.

Étant descendu avec ces pensées, je rejoignis ma voiture, et tandis qu'une triste humidité tombait sur la ville, enveloppé dans un grand manteau de voyage, je me pris à songer.

Je vis nettement qu'un second problème se greffait sur le premier:

1° Dans ma cellule, j'avais fait une enquête sur moi-même, j'étais arrivé à embrasser le développement de mon être; mais j'avais été préoccupé de mon imperfection avant tout.

2° Il s'agit maintenant de prêter à l'homme, que je suis, la beauté que je voudrais lui voir; il faut illuminer l'univers que je possède de toute cette lumière que je pressens; le programme, c'est d'escompter en quelque sorte, pour en jouir tout de suite, la perfection à laquelle mon Être arrivera le long des siècles, si, comme ma raison le suppose, il y a progrès a l'infini.

En un mot, il faut que je campe devant moi, pour m'y conformer, mon rêve fait de tous les soupçons de beauté qui me troublent parfois jusqu'à me faire aimer la mort, parce qu'elle hâte le futur. Je suis un point dans le développement de mon Être; or, jusqu'à cette heure, j'ai regardé derrière moi, désormais je tournerai mes yeux vers l'avenir. Et comme la mère dote son fils de tous les mérites qu'elle imagine confusément, je crée mon idéal de tous les soupirs dont m'emplit la banalité de la vie.

J'étais fort énervé; il me fallut passer à la poste, où l'on me demanda un passeport. Je discutai, m'emportai et, tremblant de colère, molestai de paroles les commis. Puis aussitôt je me pris à rire, comme un malade, en songeant à mes beaux plans d'indulgence universelle....

Qu'importe! il faut que je m'accepte comme j'accepte les autres. Mon indulgence, faite de compréhension, doit s'étendre jusqu'à ma propre faiblesse. Se détacher de soi-même, chose belle et nécessaire! D'ailleurs, mon *moi du dehors*, que me fait! Les actes ne comptent pas; ce qui importe uniquement, c'est mon *moi du dedans*! le Dieu que je construis. Mon royaume n'est pas de ce monde; mon royaume est un domaine que j'embellis méthodiquement à l'aide de tous mes pressentiments de la beauté; c'est un rêve plus certain que la réalité, et je m'y réfugie à mes meilleurs moments, insoucieux de mes hontes familières.

CHAPITRE X

MON TRIOMPHE DE VENISE

Sur la ligne de Milan à Venise, je ne cessai de méditer les enseignements de ma veillée d'Italie, la sagesse du Vinci. J'étais prêt à m'aimer, à me comprendre jusque dans mes ténèbres. Pour me guider, je comptais sur Venise et sur la race que m'a désignée une intuition de mon coeur.

Et pourtant j'hésitais encore devant ce nouvel effort, quand je descendis à Padoue, désireux de visiter, dans un jardin silencieux, l'église Santa Maria dell' Arena, où Giotto raconte en fresques nombreuses l'histoire de la Vierge et du Christ.

Aux cloîtres florentins, jadis, combien n'ai-je pas célébré les primitifs! J'avais pour la société des hommes une haine timide, j'enviais la vie retenue des cellules. Même à Saint-Germain, la gaucherie de ces âmes peintes, leurs gestes simplifiés, leurs physionomies trop précises et trop incertaines satisfaisaient mon ardeur si sèche, si compliquée. Mais la soirée d'Haroué et le Vinci m'ont transformé: le plus vénérable des primitifs à Padoue ne m'inspire qu'une sorte de pitié complaisante, qui est tout le contraire de l'amour.

Voilà bien, sur ces figures, la méfiance délicate que je ressens moi-même devant l'univers, mais je n'y devine aucune culture de soi par soi. S'ils gardent, à l'égard de la vie, une réserve analogue à la mienne, c'est pour des raisons si différentes! Je les médite, et je songe à la religion des petites soeurs, qui, malgré mon goût très vif pour toutes les formes de la dévotion, ne peut guère me satisfaire. Sur ces physionomies le sentiment, maladif, stérile, met une lueur; mais aucune clairvoyance, aucun souci de se comprendre et de se développer. Pauvres saints du Giotto et petites soeurs! Ils s'en tiennent à s'émouvoir devant des légendes imposées; or, moi, je m'enorgueillis à cause de fictions que j'anime en souriant et que je renouvelle chaque soir....

Ces âmes naïves de Santa Maria dell' Arena, je sens que je les trompe en paraissant communier avec elles. J'eus parfois le même scrupule sous mon cloître de Saint-Germain, quand j'invoquais les moines qui m'y précédèrent. C'est par coquetterie, et grâce à des jeux de mots, que je grossis nos légers points de contact. Dans un siècle hostile et vulgaire, sous l'oeil des Barbares, des familles éparpillées et presque détruites se plaisent à resserrer leurs liens. Mais il faut avouer que voilà une parenté bien lointaine. Pour un côté de moi qui peut-être satisferait le Giotto, combien qui l'étonneraient extrêmement! Dans sa chapelle, en même temps que je bâille un peu, ma loyauté est à la gêne.

Trois heures après, à Venise, j'étudiais les Véronèse; leur force me rafraîchissait. Ils m'attiraient, m'élevaient vers eux, mais m'intimidaient. Là encore je me sens un étranger; mes hésitations, toute ma subtilité mesquine doivent les remplir de piété. Pas plus qu'avec les Giotto, je n'ai mérité de vivre avec les Véronèse. Dans le siècle et dans mes combats de Saint-Germain, je n'ai fait voir que cet état exprimé par les Botticelli: tristesse tortueuse, mécontentement, toute la bouderie des faibles et des plus distingués en face de la vie. Mais d'être tel, je ne me satisfais pas. Je suis venu à Venise pour m'accroître et pour me créer heureux. Voici cet instant arrivé.

Ce soir-là, quand, tonifié de grand air et restauré par un parfait chocolat, j'atteignis l'heure où le soleil couchant met au loin, sur la mer, une limpidité merveilleuse, ma puissance de sentir s'élargit. Des instincts très vagues qui, depuis quelques mois montaient du fond de mon Être, se systématisèrent. Chaque parcelle de mon âme fut fortifiée, transformée.

Une tache immense et pâle couvrait l'univers devant moi, brillantée sur la mer, rosée sur les maisons; le ciel presque incolore s'accentuait au couchant jusqu'à la rougeur énorme du soleil décliné. Et toute cette teinte lavée semblait s'être adoucie, pour que je passe aisément aborder la beauté instructive de Venise et que rien ne m'en blessât: mousse sucrée du champagne qu'on fait boire aux anémiques.

La seule image d'effort que j'y vis, c'était sur l'eau un gondelier se détachant en noir avec une netteté extrême, presque risible. D'un rythme lent, très précis, il faisait son travail, qui est simplement de déplacer un peu d'eau pour promener un homme qui dort.

Et devant ce bonheur orné, je sentis bien que j'étais vaincu par Venise. Au contact de la loi que sa beauté révèle, la loi que je servais faillit. J'eus le courage de me renoncer. Mon contentement systématique fit place à une sympathie aisée, facile, pour tout ce qui est moi-même. Hier je compliquais ma misère, je réprouvais des parties de mon être: j'entretenais sur mes lèvres le sourire dédaigneux des Botticelli, et chaque jour, par mes subtilités, je me desséchais. Désormais convaincu que Venise a tiré de soi une vision de l'univers analogue et supérieure à celle que j'édifiais si péniblement, je prétends me guider sur le développement de Venise.

Au lieu de replier ma sensibilité et de lamenter ce qui me déplaît en moi, j'ordonnerai avec les meilleures beautés de Venise un rêve de vie heureuse pour le contempler et m'y conformer.

I

VENISE

SA BEAUTÉ DU DEHORS

Dès lors je passai mes jours, dans des palais déserts, à lire les annales magnifiques et confuses de la République,—dans les musées et les églises écrasées d'or, à contrôler les catalogues,—sur la rive des Schiavoni, à louer la mer, le soleil et l'air pur qui égayent mes vingt-cinq ans,—et sur les petits ponts imprévus, je m'attristais longuement des canaux immobiles entre des murs écussonnés.

Après trois semaines, quand mes nerfs furent moins sensibles à cette délicate cité, je brusquai mon régime jusqu'alors réglé par Baedeker, et quittant la Piazza, où parmi des étrangers choquants on lit les journaux français, je me confinai dans une Venise plus vénitienne. J'habitai les Fondamenta Bragadin; cela me plut, car Bragadin est un doge qui, par grandeur d'âme, consentit à être écorché vif, et parfois je songe que je me suis fait un sort analogue.

Je voudrais transcrire quelques tableaux très brefs des sensations les plus joyeuses que je connus au hasard de ces premières curiosités; mais il eût fallu les esquisser sur l'instant. Je ne puis m'alléger de mes imaginations habituelles et retrouver ces moments de bonheur ailé. C'est en vain que pendant des semaines, auprès de ma table de travail, j'ai attendu la veine heureuse qui me ferait souvenir.

Je vois une matinée à Saint-Marc, où j'étais assis sur des marbres antiques et frais, tandis qu'un bon chien (muselé) allongeait sur mes genoux sa vieille tête de serpent honnête. Et l'un et l'autre nous regardions, avec une parfaite volupté, le faste et la séduction réalisés tout autour de nous.—Ah! Simon, comme la raideur anglaise serait misérable dans cette végétation divine!

Je vois un jour le soleil que je m'étendis sur un banc de marbre, au ras de la mer: alors je compris qu'un misérable mendiant n'est pas nécessairement un malheureux, et que pour eux aussi l'univers a sa beauté.

Je vois au quai des Schiavoni le vapeur du Lido, chargé de misses froides et de touristes aux gestes agaçants. Une barque sous le plein soleil s'approche. Une fille de dix-sept ans, debout, avec aisance y chantait une chanson, éclatante comme ces vagues qui nous brûlaient les yeux. Venise, l'atmosphère bleue et or, l'Adriatique qui fuit en s'attristant et cette voix nerveuse vers le ciel faisaient si cruellement ressortir la morne hébétude de ces marchands sans âme que je bénis l'ordre des choses de m'avoir distingué de ces hommes dont je portais le costume.

———————

Cependant j'attendais avec impatience le jour où j'aurais tout regardé, non pour ne plus rien voir, mais pour fermer les yeux et pour faire des pensées enfin avec ces choses que j'avais tant frôlées. La beauté du dehors jamais ne m'émut vraiment. Les plus beaux spectacles ne me sont que des tableaux psychologiques.

Je dirai que, parmi ces délices sensuelles, jamais je n'oubliai l'heure qu'il était. Aux meilleurs détours de cette ville abondante et toujours imprévue, jamais je ne perdis l'impression qui fait mon angoisse: le sens du provisoire.

Mais qu'on me laisse décrire l'ordre de mes associations d'idées, tandis qu'en ce jardin de chefs-d'oeuvre j'errais, mal sensible à la prodigalité des essais du génie vénitien et soucieux uniquement d'absolu.

Je prends un exemple au hasard: vers le crépuscule, débouchant de mon canal Bragadin sur les Fondamenta Zattere, soudain je voyais le soleil comme une bête énorme flamboyer au versant d'un ciel délicat, par-dessus une mer indifférente à cette brutalité, toute élégante et de tendresse vaporeuse. Alors, avec un haut-le-corps, je m'exclamais et je gesticulais. Puis aussitôt: «Quoi donc! es-tu certain que cela t'intéresse?» Mais en même temps: «Saisissons l'occasion, me disais-je, pour pousser jusqu'à l'extrémité des Zattere (un kilomètre le long d'un bras de mer canalisé, sur un quai largement dallé). Je suis certainement en face d'un des plus beaux paysages du monde.... Et puis, mon dîner retardé de vingt minutes, la soirée me sera moins longue.... Ah! ces soirées, toutes ces journées de la vie extérieure!... Et s'il pleuvait, j'aurais un frisson d'humidité, la table du restaurant me serait lugubre et, l'ayant quittée, il me faudrait rentrer immédiatement dans un chez moi meublé de malaise, ou m'enfermer dans un café qui me congestionne!»

Ce chœur des pensées qui m'emplissaient fait voir que les plus voluptueux décors ne peuvent imposer silence à mes sensibilités mesquines. La grâce de Venise qui me pénétrait ne pouvait étouffer les protestations dont mon être naquit gonflé. Il fallait que l'âme de cette ville se fondît avec mon âme dans quelqu'une de ces méditations confuses dont parfois mon isolement s'embellit.

II

VENISE

SA BEAUTÉ INTÉRIEURE, SA LOI QUI ME PÉNÈTRE

> Heureux les yeux qui, fermés
> aux choses extérieures, ne contemplent
> plus que les intérieures

Enfin, je connus Venise. Je possédais tous mes documents pour dégager la loi de cette cité et m'y conformer. Le long des canaux, sous le soleil du milieu du jour, je promenais avec maussaderie une dyspepsie que stimulait encore l'air de la mer. (On est trop disposé à oublier que Venise, avec sa langueur et ses perpétuelles tasses de café, est légèrement malsaine.) Les photographies inévitables des vitrines avaient fait banales les plus belles images des cloîtres et des musées. Seule, la tristesse de mon restaurant solitaire m'émouvait encore pour la beauté de la Venise du dehors, tandis que la nuit, descendant d'un ciel au coloris pâli, ennoblissait d'une agonie romanesque l'Adriatique. Et si ce déclin du jour me toucha plus longtemps qu'aucun instant de cette ville, c'est qu'il est le point de jonction entre ma sensibilité anémique et la vigueur vénitienne.

Dès lors, je ne quittai plus mon appartement, où, sans phrases, un enfant m'apportait des repas sommaires.

Vêtu d'étoffes faciles, dédaigneux de tous soins de toilette, mais seulement poudré de poudre insecticide, je demeurais le jour et la nuit parmi mes cigares, étendu sur mon vaste lit.

J'avais enfin divorcé avec ma guenille, avec celle qui doit mourir. Ma chambre était fraîche et d'aspect amical. Ignorant du bruyant appel des horloges obstinées, je m'occupai seulement à regarder en moi-même, que venaient de remuer tant de beaux spectacles. Je profitais de l'ennui que je m'étais donné à vivre en proie aux ciceroni, tête nue, parmi les édifices remarquables.

Mes souvenirs, rapidement déformés par mon instinct, me présentèrent une Venise qui n'existe nulle part. Aux attraits que cette noble cité offre à tous les passants, je substituai machinalement une beauté plus sûre de me plaire, une beauté selon moi-même. Ses splendeurs tangibles, je les poussai jusqu'à l'impalpable beauté des idées, car les formes les plus parfaites ne sont que des symboles pour ma curiosité d'idéologue.

Et cette cité abstraite, bâtie pour mon usage personnel, se déroulait devant mes yeux clos, hors du temps et de l'espace. Je la voyais nécessaire comme une Loi; chaîne d'idées dont le premier anneau est l'idée de Dieu. Cette synthèse, dont j'étais l'artisan, me fit paraître bien mesquine la Venise bornée où se réjouissent les artistes et les touristes.

> Qu'on ne saurait goûter que
> Dieu seul, et qu'on le goûte en
> toutes choses, quand on l'aime
> véritablement.

Je le dis, un instant des choses, si beau qu'on l'imagine, ne saurait guère m'intéresser. Mon orgueil, ma plénitude, c'est de les concevoir sous la forme d'éternité. Mon être m'enchante, quand je l'entrevois échelonné sur les siècles, se développant à travers une longue suite de corps. Mais dans mes jours de sécheresse, si je crois qu'il naquit il y a vingt-cinq ans, avec ce corps que je suis et qui mourra dans trente ans, je n'en ai que du dégoût.

Oui, une partie de mon âme, toute celle qui n'est pas attachée au monde extérieur, a vécu de longs siècles avant de s'établir en moi. Autrement, serait-il possible qu'elle fût ornée comme je la vois! Elle a si peu progressé, depuis vingt-cinq ans que je peine à l'embellir! J'en conclus que, pour l'amener au degré où je la trouvai dès ma naissance, il a fallu une infinité de vies. L'âme qui habite aujourd'hui en moi est faite de parcelles qui survécurent à des milliers de morts; et cette somme, grossie du meilleur de moi-même, me survivra en perdant mon souvenir.

Je ne suis qu'un instant d'un long développement de mon Être; de même la Venise de cette époque n'est qu'un instant de l'Ame vénitienne. Mon Être et l'Être vénitien sont illimités. Grâce à ma clairvoyance, je puis reconstituer une partie de leurs développements; mais mon horizon est borné par ma faiblesse: jamais je n'atteindrai jusqu'au bonheur parfait de contempler Dieu, de connaître le Principe qui contient et qui nécessite tout. Que j'entrevoie une partie de ce qui est ou du moins de ce qui paraît être, cela déjà est bien beau.

Cette satisfaction me fut donnée, quand je contemplai dans l'âme de Venise, mon Être agrandi et plus proche de Dieu.

L'Être de Venise.

Cette qualité d'émotion, qui est constante dans Venise et dont chacun des détails de cette nation porte l'empreinte, seules la perçoivent pleinement les âmes douées d'une sensibilité parente. Ce caractère mystérieux, que je nomme l'âme de tout groupe d'humanité et qui varie avec chacun d'eux, on l'obtient en éliminant mille traits mesquins, où s'embarrasse le vulgaire. Et cette élimination, cette abstraction se font sans réflexion, mécaniquement, par la répétition des mêmes impressions dans un esprit soucieux de communier directement avec tous les aspects et toutes les époques d'une civilisation.

Mon Être.

De même, quand ma pensée se promène en moi, parmi mille banalités qui semblaient tout d'abord importantes, elle distingue jusqu'à en être frappée des traits à demi effacés; et bientôt une image demeure fixée dans mon imagination. Et cette image, c'est moi-même, mais moi plus noble que dans l'ordinaire; c'est l'essentiel de mon Être, non pas de ce que je parais en 89, mais de tout ce développement à travers les générations dont je vis aujourd'hui un instant.

Description de ce type qui réunit, en les résumant, les caractères du développement de mon Être et de l'Être de Venise.

Je l'avais pressenti quand je feuilletais des guides Baedeker, le soir de notre séparation à Saint-Germain: cette image de mon Être et cette image de l'Être de Venise, obtenues par une inconsciente abstraction, concordent en de nombreux points.

En les superposant, par une sorte d'addition légèrement confuse, j'obtins une image infiniment noble où je me mirai avec délice dans ma chambre solitaire et fraîche. Fragment bien petit encore de l'Être infini de Dieu! mais le plus beau résultat que j'eusse atteint depuis mon voeu de Jersey. Voici donc que je contemplais mes émotions! Et non plus des émotions toujours inquiètes et sans lien, mais systématisées, poussées jusqu'à la fleur qu'elles pressentaient. Hier, je les analysais avec tristesse; aujourd'hui, par un effort de compréhension, de bonté, je les assemble et je les divinise. Je m'accouche de tous les possibles qui se tourmentaient en moi. Je dresse devant moi mon type.

Durant quelques semaines, couché sur mon vaste lit des Fondamenta Bragadin, ou, plus réellement, vivant dans l'éternel, je fus ravi à tout ce qu'il y a de bas en moi et autour de moi: je fus soustrait aux Barbares. Même je ne les connaissais plus. Ayant été au milieu d'eux l'esprit souffrant, puis à l'écart l'esprit militant, par ma méthode je devenais l'esprit triomphant.

Ici se réfugièrent des rois dans l'abandon, et des princes de l'esprit dans le marasme. Venise est douce à toutes les impériosités abattues. Par ce sentiment spécial qui fait que nous portons plus haut la tête sous un ciel pur et devant des chefs-d'oeuvre élancés, elle console nos chagrins et relève notre jugement sur nous-mêmes. J'ai apporté à Venise tous les dieux trouvés un à un dans les couches diverses de ma conscience. Ils étaient épars en moi, tels qu'au soir de mon abattement d'Haroué; je l'ai priée de les concilier et de leur donner du style. Et tandis que je contemplais sa beauté, j'ai senti ma force qui, sans s'accroître d'éléments nouveaux, prenait une merveilleuse intensité.

Venise, me disais-je, fut bâtie sur les lagunes par un groupe d'hommes jaloux de leur indépendance; cette fierté d'être libre, elle la conserva toujours; sa politique, ses moeurs, ses arts jamais ne subirent les étrangers.—Ainsi le premier trait de ma vie intellectuelle est de fuir les Barbares, les étrangers; et le perpétuel ressort de ma vertu, c'est que je me veux homme libre.

Venise, pour avoir été héroique contre les étrangers, amassa dans l'âme de ses citoyens les plus beaux désintéressements.—Ainsi, je fus toujours ému d'une sorte de générosité naturelle, je hais l'hypocrisie des austères, l'étroitesse des fanatiques et toutes les banalités de la majorité. Toutefois j'avoue ne pas conserver souvenir des luttes qu'en d'autres corps, jadis, mon Être a dû soutenir pour acquérir ces vertus.

Venise, qui jusqu'alors luttait pour exister, ne se forme une vision personnelle de l'univers que sous une légère atteinte de douceur mystique: Memling, venu d'Allemagne, fait naître Jean Bellin.—De même, c'est par ce besoin de protection que connurent toutes les enfances mortifiées, et par l'enseignement métaphysique d'outre-Rhin, que je fus éveillé à me faire des choses une idée personnelle. A douze ans, dans la chapelle de mon collège, je lisais avec acharnement les psaumes de la Pénitence, pour tromper mon écoeurement; et plus tard, dans l'intrigue de Paris, le soir, je me suis libéré de moi-même parmi les ivresses confuses de Fichte et dans l'orgueil un peu sec de Spinoza.

Si fiévreux et changeant que je paraisse, la vision saine que se faisait de l'univers le Titien ne contrarie pas l'analogie de mon Être et de l'Être de Venise.—Il est clair que jamais je n'atteignis la paix qu'on lui voit, mais c'est pour y parvenir que toujours je m'agitai. Si je suis inquiet sans trêve, c'est parce que j'ai en moi la notion obscure ou le regret de cette sérénité. Ma fébrilité actuelle n'est sans doute qu'un secret instinct de mon Être, qui se souvient d'avoir possédé, entrevu ces heures fortes et paisibles marquées à Venise par Titien.

Rien au plus intime de moi ne répond au génie violent de Tintoret. Mon système n'en est pas déconcerté. Aussi bien, dans cette république magnifique et souriante, ce fanatique sombre garde une allure à part, que n'expliquent ni les arts ni les moeurs de son temps. Le Tintoret est à Venise un accident, un à côté. C'est avec Véronèse, si noble, si aisé, que la vraie Venise se développait alors. Mon Être se souvient sans effort d'avoir connu l'instant de dignité, de bonté et de puissance que Véronèse signifie. Alors pour moi (mais dans quel corps habitai-je?) la vie était une fête; et bien loin de m'absorber, comme je le fais, dans l'amour de mes plaies, je poussai toute ma force vers le bonheur.

Véronèse cependant m'intimide. Plus qu'un ami il m'est un maître; je lui cache quelques-uns de mes sourires.—Mon camarade, mon vrai Moi, c'est Tiepolo.

Tiepolo

Celui-là, Tiepolo, est la conscience de Venise. En lui l'Ame vénitienne qui s'était accrue instinctivement avec les Jean Bellin, les Titien, les Véronèse s'arrêta de créer; elle se contempla et se connut. Déjà Véronèse avait la fierté de celui qui sent sa force; Tiepolo ne se contente plus de cet orgueil instinctif, il sait le détail de ses mérites, il les étale, il en fait tapage.—Comme moi aujourd'hui, Tiepolo est un analyste, un analyste qui joue du trésor des vertus héritées de ses ancêtres.

Je ne me suis doté d'aucune force nouvelle, mais à celles que mon Être s'était acquises dans des existences antérieures j'ai donné une intensité différente. De sensibilités instinctives, j'ai fait des sensibilités réfléchies. Mes visions du monde m'ont été amassées par mon Être dans chacune de ses transformations; superposées dans ma conscience, elles s'obscurcissaient les unes les autres: si je n'y puis rien ajouter, du moins je sais que je les possède.

Cette clairvoyance et cette impuissance ne vont pas sans tristesse. Ainsi s'explique la mélancolie que nous faisons voir, Tiepolo et moi, ainsi que les siècles dilettanti qui, seuls, nous pourraient faire une atmosphère convenable. L'énergie de notre Être, épuisée par les efforts de jadis, n'atteint qu'à donner à notre tristesse une sorte de fantaisie trop imprévue, parfois une ardeur choquante. Ces plafonds de Venise qui nous montrent l'âme de Gianbatista Tiepolo, quel tapage éclatant et mélancolique! Il s'y souvient du Titien, du Tintoret, du Véronèse; il en fait ostentation: grandes draperies, raccourcis tapageurs, fêtes, soies et sourires! quel feu, quelle abondance, quelle verve mobile! Tout le peuple des créateurs de jadis, il le répète à satiété, l'embrouille, lui donne la fièvre, le met en lambeaux, à force de frissons! mais il l'inonde de lumière. C'est là son oeuvre, débordante de souvenirs fragmentaires, pêle-mêle de toutes les écoles, heurtée, sans frein ni convenance, dites-vous, mais où l'harmonie naît d'une incomparable vibration lumineuse.—Ainsi mon unité est faite de toute la clarté que je porte parmi tant de visions accumulées en moi.

Tiepolo est le centre conscient de sa race. En lui, comme en moi, toute une race aboutit. Il ne crée pas la beauté, mais il fait voir infiniment d'esprit, d'ingéniosité; c'est la conscience la plus ornée qu'on puisse imaginer, et chez lui la force, dépouillée de sa première énergie, invente une grâce ignorée des sectaires. Ah! ces airs de tête, ces attitudes, ces prétentions, cet élan charmant et qui sans cesse se brise! Ce qu'il aime avant tout, c'est la lumière; il en inonde ses tableaux; les contours se perdent, seules restent des taches colorées qui se pénètrent et se fondent divinement,—Ainsi, j'ai perdu le souvenir des anecdotes qui concernaient mes diverses émotions, et seule demeure, au fond de moi, ma sensibilité qui prend, selon ses hauts et ses bas, des teintes plus ou moins vives. Ciel, drapeaux, marbres, livres, adolescents, tout ce que peint Tiepolo est éraillé, fripé, dévoré par sa fièvre et par un torrent de lumière, ainsi que sont mes images intérieures que je m'énerve à éclairer durant mes longues solitudes.

Dans une suite de *Caprices*, livres d'eaux-fortes pour ses sensations au jour le jour, Tiepolo nous a dit toute sa mélancolie. Il était trop sceptique pour pousser à l'amertume. Ses conceptions ont cette lassitude qui suit les grandes voluptés et que leur préfèrent les épicuriens délicats. Il sentait une fatigue confuse des efforts héroïques de ses pères, et tout en gardant la noble attitude qu'ils lui avaient lentement formée par leur gloire, il en souriait. Les *Caprices* de Tiepolo sont des recueils héroïques, où toutes les âmes de Venise sont réunies; mais tant de siècles se résumant en figures symboliques, ce sourire inavoué, cette mélancolie dans l'opulence sont d'un scepticisme trop délicat pour la masse des hommes. Un homme trop clairvoyant paraît énigmatique.

On traite volontiers d'obscur ce qu'on ne comprend pas; cela est vrai grammaticalement, mais il appartient au poète de faire sentir ce qui ne peut être compris. Tiepolo contemple en soi toute sa race. Que parmi des guerriers pensifs, une jeune fille agite un drapeau! A cette page de Tiepolo, je m'arrête; j'ai reconnu son âme, la mienne!

Ah! celui-là, comment s'étonner si je le préfère à tout autre?

Après Tiepolo, Venise n'avait plus qu'à dresser son catalogue. Aujourd'hui, elle est toute à se fouiller, à mettre en valeur chacune de ses époques; ce sont des dispositions mortuaires.

Et moi qui suis Tiepolo, et qui, replié sur moi-même, ne sais plus que répandre la lumière dans ma conscience, combiner les vertus que j'y trouve, et me mécaniser, j'approche de cette dernière période. Quand ce corps où je vis sera disparu, mon Être dans une nouvelle étape ne vaudra que pour classer froidement toutes les émotions que le long des siècles il a créées. Moi fils par l'esprit des hommes de désirs, je n'engendrerai qu'un froid critique ou un bibliothécaire. Celui-là dressera méthodiquement le catalogue de mon développement, que j'entrevois déjà, mais où je mêle trop de sensibilité. Puis la série sera terminée.

Ainsi, dans cet effort, le plus heureux, que j'ai fourni depuis la journée de Jersey, je contemplai le détail et le développement de cette suite d'idées qu'est mon Moi.

Admirables et fiévreuses journées des Fondamenta Bragadin! Au contact de Venise délivré pour un instant de l'inquiétude de mes sens, je pus me satisfaire du spectacle de tous mes caractères divinisés en un seul type de gloire! Grâce à mes lentes analyses, l'avenir devenait pour mon intelligence une conception nette! J'entrevis que l'effort de tous mes instincts aboutissait à la pleine conscience de moi-même, et qu'ainsi je deviendrais Dieu, si un temps infini était donné à mon Être, pour qu'il tentât toutes les expériences où m'incitent mes mélancolies.

Dès lors que m'importe si les siècles et l'énergie font défaut à cette tâche! j'ai tout l'orgueil du succès quand j'en ai tracé les lois. C'est posséder une chose que s'en faire une idée très nette, très précise.

———————————————

Vers cette époque, un soir que je mangeais au restaurant, un jeune Anglais, jadis rencontré à Londres, vint s'asseoir à ma table. Je causai avec un peu de fièvre, explicable chez un solitaire qui depuis deux mois n'avait fait que songer. La conversation se rapprocha très vite de mes méditations familières, et vers dix heures ce jeune homme me disait: «Je compte que j'ai lieu d'être heureux: mon père a beaucoup travaillé; il m'a mis à Eton, où je me suis fait des amis nombreux qui me seront utiles dans la vie.»

Cette satisfaction ainsi motivée me fit toucher l'écart qui grandit chaque jour entre moi et le commun des honnêtes gens.

———————————————

III

JE SUIS SATURÉ DE VENISE

Grégoire XI: «C'est ici que
mon âme trouve son repos dans
l'étude et la contemplation des
belles choses.»

Sainte Catherine de Sienne:
«Pour accomplir votre devoir,
très Saint-Père, et suivant la
volonté de Dieu, vous fermerez
les portes de ce beau palais, et
vous prendrez la route de Rome,
où les difficultés et la malaria
vous attendent en échange des
délices d'Avignon.»

Au degré où j'étais parvenu, je ne ressentais plus ces violents mouvements qui sont ce que j'aime et désire. J'étais saturé de cette ville, qui dès lors n'agissait plus sur moi; je glissais peu à peu dans la torpeur. L'homme est un ensemble infiniment compliqué: dans le bonheur le mieux épuré nous nous diminuons. Je jugeai opportun de me vivifier par la souffrance et dans l'humiliation, qui seules peuvent me rendre un sentiment exquis de l'amour de Dieu. Nulle part je ne pouvais mieux trouver qu'à Paris.

(Il est juste d'ajouter qu'à ces nobles motifs se joignait un désir d'agitation: désir médiocre, mais après tout n'est-ce pas un synonyme intéressant de mes beaux appêtits d'idéal. Il faut que je respecte tout ce qui est en moi; il ne convient pas que rien avorte. Or ma santé s'était fort consolidée, et des parties de moi-même s'éveillant peu à peu, ne se satisfaisaient pas de la vie de Venise.)

Pour me maintenir dans l'Église Triomphante, il faut sans cesse que je mérite, il faut que j'ennoblisse les parties de péché qui subsistent probablement en moi. Je ne les connaîtrai que dans la vie; j'y retourne.

LIVRE QUATRIEME

EXCURSION DANS LA VIE

CHAPITRE XI

UNE ANECDOTE D'AMOUR

I

J'AMASSE DES DOCUMENTS

Pâle comme sa chemise.

Le huitième jour de mon arrivée à Paris, quand la petite émotion de retrouver d'anciennes connaissances et de me composer selon l'échelle sociale et le caractère des gens que je rencontre, m'eut secoué une centaine de fois, mes nerfs se montèrent et je trouvai l'émotion vulgaire que je venais chercher.

C'était la petite fille d'une actrice, jadis fameuse par son esprit et la loyauté de ses amitiés. Jolie fille, jeune, menée uniquement par son imagination, un peu prétentieuse d'allure et de ton, mais incapable d'un geste qui ne fût pas gracieux, elle m'émut. Je m'aperçus de mon sentiment au soin que je pris de ne pas m'avouer qu'elle ne possédait que des idées acquises et, pour son propre fonds, de la vanité. D'ailleurs, je lui vis le genre de sourire que je préfère, imprévu, fait de coquetterie et de bonté.

Quelque chose de haché dans mes discours, une apparence de franchise qui est faite de désir de plaire et d'indifférence à l'opinion, voilà les caractères qui lui plurent tout d'abord en la déroutant.

C'est une légère tristesse de constater, chez un objet de vingt ans qu'on affectionne, la science de dominer les hommes par un mélange de pudeur et de caresses, quand on réfléchit aux expériences qui la lui acquirent.

Elle usa d'un jeu de passion brisée, puis reprise, qui est le plus convenable pour m'émouvoir. Quand je me dépitais, elle ne faisait que rire, ne voulant pas croire que je pusse tenir à elle. Si elle m'avait promis de bonne grâce et dès le début du dîner ce dont je la pressais à la fin de la soirée, peut-être en aurais-je bâillé. Car allumer une dernière cigarette,—attendre dans un fauteuil l'instant de la voir jolie, fraîche d'une toilette simplifiée, et complaisante avec de beaux cheveux et des yeux tendres,—ne plus me disperser dans mille soucis mais me réunir dans une action vive,—toutes ces fines émotions, les soirs que, me serrant la main, elle ne me laissait pas descendre de la voiture qui la reconduisait, je m'énervais à les évoquer et à croire que, la veille, je les avais goûtées chez elle. Mais en vérité j'y étais demeuré fort insensible. Seule nous émeut la beauté que nous ne pouvons toucher. Cette atmosphère de sensualité délicate dont mon regret emplissait sa chambre, je la composais par le procédé de l'abstraction, malhonnête au cas particulier. En réalité, les traits séduisants que j'assemble autour de son baiser ne furent jamais réunis; cette heure-là au contraire est faite de mille détails oiseux et parfois choquants. D'ailleurs, ces minutes offriraient-elles tout ce plaisir dont ma fièvre contrariée les embellit, elles ne me seraient nullement indispensables; et si trois soirs de suite, je me couchais vers les onze heures, ayant pris à intervalles égaux trois paquets, trente centigrammes de quinine, mon goût se dissiperait.

Je m'étais proposé pour mes fins idéales de prendre là quelque chagrin, un peu d'amertume qui me restituât le désir de Dieu. Dès les premiers jours de cet essai, j'appliquai ma méthode avec plus d'entrain que dans aucun de mes enthousiasmes précédents. Il s'agissait comme toujours de résumer dans une passion ardente le vague désir, qui sans trêve tourbillonne en moi, de réaliser l'unité de mon Être. Sur ce terrain nouveau je fis une moisson abondante d'analyses, car après le cloître et Venise mes yeux étaient neufs pour Paris.

En moi grandit avec rapidité, conformément à mon rôle, cet appétit de se détruire, cette hâte de se plonger corps et âme dans un manque de bon sens, cette sorte de haine de soi-même qui constituent la passion! Ah! l'attrait de l'irréparable, où toujours je voulus trouver un perpétuel repos: au cloître, quand je me vouai à l'imitation de mes saints,—au soir d'Haroué, quand je me fis une belle mélancolie de l'avortement de ma race,—sur les canaux éclatants de Venise, quand je m'exaltais des magnificences de cette ville à qui j'avais l'esprit lié! C'est encore ce morne irréparable que ma fièvre cherche à Paris, tandis que je veux me remettre tout entier entre des mains ornées de trop de bagues!

Je sais pourtant que je suis une somme infinie d'énergies en puissance, et que pour moi il n'est pas de stabilité possible. Je le sais au point que, sur cet axiome, j'ai fondé ma méthode de vie, qui est de sentir et d'analyser sans trêve.

Pour aiguillonner ma sensibilité et la pousser dans cette voie d'amour que j'expérimente, j'ai trouvé cinq à six traits d'un effet sûr.

1° Se représenter l'Objet, de chair délicate et de gestes caressants, aux bras d'un homme brutal, et pâmée de cette brutalité même, embellissant ses yeux de misérables larmes de volupté, qu'elle n'eût dû verser que sainte et honorant Dieu à mes côtés.

Cette trahison des sens, cette défaite de la femme, si faible contre les exigences de ses vingt ans, fournissait un thème abondant et monotone à mes entretiens du soir avec l'Objet. L'Objet surpris, choqué, puis fatigué par mon insistance, m'avoua diverses circonstances où elle avait goûté violemment ces affreux entraînements. Je l'écoutais en silence, rempli d'amertume et de trouble, tandis que, s'animant, elle mettait à ses aveux un vilain amour-propre. Cependant, vierge et intimidée, elle ne m'eût inspiré qu'une sorte de pitié, ennemie de toute passion.

2° Se représenter qu'ayant fait le bonheur de beaucoup d'indifférents qui tous l'abîmeront un peu, elle deviendra vieille et dédaignée, sans revanche possible.

M'abandonnant à une bonté triste et sensuelle, je souffrais de cette fatalité où son beau corps engrené était chaque jour froissé, et m'appuyant contre cette pauvre amie, je me faisais ainsi une mélancolie facile qui m'énervait délicieusement, mais où elle ne voyait durant nos soirs d'automne que de longs silences insupportables.

Une singulière contradiction de sentiment sans trêve tournoie en moi comme une double prière. Je m'irritai toujours du mépris qu'affectent les âmes vulgaires pour les créatures qui consacrent leur jeune beauté et leur fantaisie à servir la volupté. Leur corps si souple, leur sourire de petit animal et toutes leurs fossettes, quand elles les livrent au passant ému, c'est qu'elles sont agitées du même dieu, dieu d'orgueil et de générosité, qui fait les analystes. Les analystes prient l'inconnu qu'il veuille être leur ami, et rejetant toute pudeur, ils le provoquent à connaître leur âme et à en jouir. Les uns et les autres sont victimes d'une fatalité, car ils naquirent chargés d'attraits singuliers. J'aime l'orgueil qui les pousse à révéler publiquement leur beauté. J'aime leur désintéressement qui leur fait dédaigner toutes ces petites préoccupations, groupées par le vulgaire sous le nom de dignité, et auxquelles Simon prêtait de l'importance. J'aime leurs emportements qui m'aident à comprendre la mort; ils se hâtent de faire leur tâche et d'épanouir leurs vertus, car ils n'auront pas de fils, selon le sang, à qui les transmettre. Il faut qu'ils se gagnent des fils spirituels où déposer le secret de leurs émotions. La frénésie des monographistes sincères et celle de Cléopâtre abandonnée dans les bras de César, d'Antoine et de tant de soldats, n'éveillent aucune raillerie facile chez les esprits réfléchis: de telles impudeurs transmettent, de génération en génération, les vertus d'exception. Ces femmes et ces penseurs ont sacrifié leur part de dignité vulgaire pour mettre une étincelle dans des âmes sauvées de l'assoupissement. Cependant, et voilà ma contradiction, je me désespérais que l'Objet fût telle. Seule son infâme ingéniosité m'intéressait à elle, et je la lui reprochais, me plaisant à lui détailler tout haut, combien elle violait les lois ordinaires de la nature et de la bienséance.

Amoureuse d'absurde, autant que je le suis, et vaniteuse, elle prenait un goût très vif à mes irritations. Nous en plaisantions l'un et l'autre, mais parfois j'étais presque brutal, et parfois encore j'étais près de regretter qu'elle fût un objet irréparablement gâté.

Mais sans trêve, au fond de moi, quelqu'un riait disant: «Ah! l'insignifiante parade! Ah! que ces choses me seraient indifférentes, s'il me plaisait d'en détourner mon regard!»

De telles expériences, menées avec trop de zèle, présentent quelque danger. C'est le jeu un peu fébrile du pauvre enfant qui, par un jour de pluie, assis dans un coin de la chambre, examine son jouet au risque de le casser,—non loin des grandes personnes qui sont, en toutes circonstances, un châtiment imminent.

Elle avait de la générosité de coeur, et, malgré sa vanité, un convenable bohémianisme. Autrement son sourire m'aurait-il arrêté? Deux ou trois fois, dans notre jeu sentimental, nous nous sommes touchés à fond, et soudain presque sincères, nous cessions notre intrigue pour vouloir nous aimer bonnement. Nous aurions pu goûter, à l'écart, quelques semaines de vrai satisfaction.

Mais quoi! tant de sentiments délicats, que j'ai acquis par de longs efforts méthodiques, dès lors me devenaient inutiles! Pouvais-je accepter de me réduire à la petite sensibilité sensuelle de ma vingtième année! Renier, pour la première fois, la journée de Jersey!

Quelque irraisonnable que cela fût, tels étaient ses yeux cerclés de fatigue charmante, quand elle se soulevait d'entre mes bras, que je cédais à mon goût pour cet objet, plus qu'il n'était marqué dans mon programme.... Ce genre d'émotions est assez connu pour que je n'en fournisse pas la description.

Dans ce désarroi de mon système, à défaut de ma volonté, quelques gestes dont j'avais pris l'habitude toute machinale me sauvèrent. Cela est louable, mais je ne puis m'en glorifier: en réalité j'étais désarmé; ses mains fiévreuses avaient forcé le tabernacle de mon vrai Moi. Tandis qu'intérieurement j'étais profané, je parus encore servir avec orgueil mon Dieu. Ce fut une suprême journée. Comme moi, elle était à limite. De découragement, soudain, elle abandonna la partie; elle m'avait vaincu, et ne le sut jamais.

Mais n'est-ce pas aussi que je la fatiguais par la monotonie de mes propos? Mon égotisme, outre qu'il est peu séduisant, ne se renouvelle guère.—Ou bien fut-elle décidée par des choses de la vulgaire réalité? J'ai peut-être un dédain excessif des nécessités de la vie....

Toutes les inductions sont permises, mais hasardeuses, sur ces rapports d'homme à femme. Fréquemment, pour me procurer de l'amertume, j'ai réfléchi sur mon cas, et les hypothèses les plus diverses m'ont tour à tour satisfait, selon les heures de la journée: j'ai le réveil dégoûté, l'après-dîner indulgent et un peu brutal, la soirée fiévreuse et qui grossit tout.

Le fait, c'est qu'elle fut inexacte jusqu'à l'impolitesse pendant cinq jours, toujours gracieuse d'ailleurs, puis s'en alla n'importe où avec une personne de mon sexe. Les femmes oscillent étrangement d'une complaisance maladive à la méchanceté. J'en conçus du dégoût, et, jugeant l'expérience terminée, je partis pour le littoral méditerranéen.

II

JE PROFITE DE MES ÉMOTIONS

Cannes était encore vide (octobre). Je promenais mon malaise au long de la plage éventée jusqu'à la Croisette, où je demeurais immobile à regarder sur l'eau rien du tout, puis je repassais, avec la migraine, dans la grande rue, très vexé de n'avoir pas envie de pâtisseries. Quelques promenades en voiture ne pouvaient remplir mes journées; j'avais spécialement horreur des wagons, qui m'enfermaient trop étroitement dans ma pensée, et de Nice, où je promenais mon ennui dans les cafés, en attendant l'heure du train pour Cannes. Jamais les après-midi ne furent aussi grises qu'à cette époque. Et quelles soirées, devant un grog! Il est bien fâcheux que je n'aie eu personne avec qui analyser, brins par brins, mon chagrin, pour le dessécher, puis le réduire en poussière qu'on jette au vent. Voyez quel recul j'avais fait dans la voie des parfaits, puisque Simon, qui fut ma première étape, me redevenait nécessaire.

Vous connaissez ces insomnies que nous fait une idée fixe, debout sur notre cerveau comme le génie de la Bastille, tandis que, nous enfonçant dans notre oreiller, nous nous supplions de ne penser à rien et nous recroquevillons dans un travail machinal, tel que de suivre le balancier de la pendule, de compter jusqu'à cent et autres bêtises insuffisantes. Soudain, à travers le voile de banalités qu'on lui oppose, l'idée réapparaît, confuse, puis parfaitement nette. Et vaincu, nous essayons encore de lui échapper, en nous retournant dans nos draps. Enfin, je me levais, et par quelque lecture émouvante je cherchais à m'oublier. Tout me disait mon chagrin, au point que les romans de mes contemporains me parurent admirables.

Ce n'étaient pas ses yeux, ni son sourire qui m'apparaissaient dans mes troubles; je ne m'attendrissais que sur moi-même. J'imaginais le système de vie que j'aurais mené avec elle, et je me désespérais qu'une façon d'être ému, que j'avais entrevue, me fût irrémédiablement fermée. Au résumé, j'aurais voulu recommencer

107

avec elle la solitude méditative que Simon et moi nous tentâmes. Retraite charmante! Ma méthode, en étonnant l'Objet, m'eût paru rajeunie à moi-même. Puis ces commerce d'idées avec des êtres d'un autre sexe se compliquent de menues sensations qui meublent la vie.

Ainsi, à étudier ce qui aurait pu être, j'empirais ma triste situation. Et, piétinant ma chambre banale, je suppliais les semaines de passer. Il est évident que ça ne durera pas, mais les minutes en paraissent si longues! J'ai connu une angoisse analogue sur le fauteuil renversé des dentistes, et pourtant l'univers, que je regardais désespérément par leurs vastes fenêtres, ne me parut pas aussi décoloré que je le vis, durant ces nuits détestables et ces après-midi où je me couchais vers les trois heures et m'endormais enfin, hypnotisé par mon idée fixe, éclatante parmi le terne de toutes choses. Ah! les réveils, au soir tombé, les membres couverts de froid! Les repas, sans appétit, sous des lumières brutales! Parfois même il pleuvait.

J'aurais dû me méfier que l'air de la mer, précieux en ce qu'il pousse aux crises (cf. Jersey et Venise) m'était dans l'espèce détestable.

Seule, elle a pu me faire prendre quelque intérêt à la vie extérieure. Elle était pour moi, habitué des grandes tentures nues, un petit joujou précieux, un bibelot vivant. Et comme son parfum brouillait avec mon sang toutes mes idées, je goûtais des choses vulgaires, je cancanais un peu et j'étais fat à la promenade.

Les petits tableaux qui raniment le souvenir que je lui garde sont au reste fort rares. Elle ne m'a jamais rien dit de mémorable, ni de touchant; c'est peut-être que je ne l'écoutais guère? L'ayant abordée avec le simple désir de me donner quelque amertume et de reprendre du ton, j'ai habillé selon ma convenance et avec un art merveilleux le premier objet à qui j'ai plu. Elle n'est qu'un instinct dansant que je voulus adorer, pour le plaisir d'humilier mes pensées.

Comme elle était venue me surprendre, un matin de naguère, dans ma chambre d'hôtel, elle me trouva appuyé sur une malle, qui lisais l'*Imitation*. Je la priai d'entendre le chapitre si bref sur l'amour charnel. Elle m'assura que cela lui plaisait infiniment, et pour me le prouver elle riait. La société de Simon a perverti en moi le sens de la sociabilité. Il est évident que j'ai ennuyé au delà de tout l'Objet. Uniquement soucieux de me distraire, je ne songeais pas assez qu'elle était un objet vivant. Ce jour où, sur ma malle de voyageur, je prétendis l'instruire de l'instabilité des passions sensuelles, est l'instant où je me crus le plus près d'être aimé et d'aimer, mais comme il était midi un quart, elle, avec une netteté d'analyse intime, que je n'atteignis jamais, se rendait compte qu'elle avait une grande faim.

Un autre souvenir qui m'émeut dans l'exil de Cannes, c'est ce fiacre, à neuf heures du soir, qui nous emporta le long des boulevards immenses et tristes vers la gare de Lyon, où l'on se bouscule confusément sous trop de lumières. Je m'absentais pour deux jours, mais afin de dramatiser la situation et de me faire un peu mal aux nerfs, je lui dis la quitter pour deux mois. Ses larmes chaudes tombaient sur mes mains dans l'obscurité misérable. C'est ainsi qu'un peu après, seul dans mon wagon, je goûtai une petite mélancolie et une petite fierté, ce qui fait une délicate sensualité.

A imaginer ce sentiment sincère de petite fille qu'elle eut pour moi, tandis qu'elle sanglotait de mon faux départ, je me désole de mon mauvais coeur, et une vision d'elle, tout embellie et affinée, s'impose à mon souvenir: figure si épurée que je n'éprouve plus qu'un regret violent et attendri de la savoir malheureuse. Elle est de la même race que moi; si elle entrevoit ce qu'elle devrait être et ce qu'elle est, combien elle souffre de ne pas vivre à mes côtés, pensant tout haut et se fortifiant de mes pensées! C'est ma faute, ma faute irréparable, de ne pas lui être apparu tel que je suis réellement! Oh! ma constante hypocrisie! mon impuissance à démêler ce qui est convenable, parmi tant de charmantes façons d'être, qui s'offrent à moi comme possibles en toutes occasions! Avec son joli corps, pâmé des hommes grossiers, que la voilà misérable, elle, charmante comme une sainte païenne!

Hélas! pourquoi suis-je si vivement frappé du désordre qu'il y a dans les choses?... Ou pourquoi n'est-elle pas morte? La nuit, durant mes détestables lucidités, elle ne m'apparaîtrait plus comme un bonheur possible et que je ne sais acquérir. Elle serait un cadavre doux et triste, une chose de paix.

Je lui écrivis. Dès lors je connus à chaque courrier l'angoisse, puis la secousse à briser mes genoux, quand le facteur si longtemps guetté s'éloignait, sans une lettre pour moi qui sifflotais d'indifférence affectée.

Je n'eus plus le courage de penser à rien autre qu'à elle, qui peut-être en ce moment riait.

«Elle ne m'a pas écrit,—me disais-je chaque matin avant de quitter mon lit,—faut-il en conclure qu'elle ne me répondra pas? Elle fut toujours détestable; son sans-gêne d'aujourd'hui prouve-t-il que son amitié ait fléchi?» Et, singulier amant, je cherchais les preuves d'indifférence qu'elle m'avait données aux meilleurs jours, avec plus d'ardeur qu'un homme raisonnable ne se rappelle les preuves de tendresse.

A cette époque, le goût que je lui gardais prit des proportions vraiment curieuses. Vous connaissez ces inquiétudes nerveuses qui, certains jours, nous tiraillent dans toutes les jointures, nous cassent les jambes à la hauteur des genoux, et nous réduisent enfin à un geste brusque, coup de pied dans les meubles ou assiettes cassées, en même temps qu'elles nous font une idée claire des sensations du véritable épileptique. J'avais à l'imagination une angoisse analogue.

Dès l'aube, je lui télégraphiai à son ancienne adresse. Journée déplorable! A travers Cannes, perdue d'humidité, je ne cessais d'aller de l'hôtel au télégraphe, où les employés agacés me secouaient leurs têtes, et mon coeur s'arrêtait de battre, sans que mon attitude perdît rien de sa dignité. Le long de la plage, dans la grande rue, cette journée dont j'entendis sonner tous les quarts d'heure me brisa, tant mon espoir surchauffé à chaque seconde se venait butter contre l'impossible, de la secousse d'un express qui s'arrête brutalement.... Vers cinq heures, seul dans le salon humide de l'hôtel, je n'avais encore rien reçu; la totalité des choses me parut sinistre, puis je fus dément.

Comme elle était oubliée, la fille des premiers instants de cette aventure,—celle à qui je voulus bien prêter un sourire doux et maniéré! J'avais à propos d'elle conçu un si violent désir d'être heureux, j'y étais allé d'une telle chevauchée d'imagination qu'en me retournant, je me trouvais seul. De la même manière, sous le cloître, mes saints,—à Venise, Venise,—et en amour, l'amante, se dissipaient pour me laisser manger du vide, face à face de mon désir.

Prendre l'express sur l'heure, retrouver à Paris, par l'obligeance des concierges, l'adresse de l'Objet, la reprendre, puisqu'elle est mobile et que je ne lui déplais pas, rien de plus simple mais il y faudrait quinze jours, et j'aime mieux croire que dans ce délai je serai guéri. Ce bonheur-là, pour me plaire, devrait m'être donné tel que je l'imagine, et à l'heure même où je le désire.

Quant à revivre les jours passés auprès d'elle, vraiment je m'en soucierais peu. Ce qui me désole, c'est la non-réalisation de tout ce que j'ai entrevu en la prenant pour point de départ. Je considère avec affolement combien la vie est pleine de fragments de bonheur que je ne saurai jamais harmoniser, et d'indications vers rien du tout.

Et puis, comment me consoler de cette ignominie qu'un élément essentiel de ma félicité soit un objet d'entre les Barbares, quelque chose qui n'est pas Moi?

Un matin, toujours sans nouvelle, j'eus au moins la petite satisfaction d'avoir prévu dès la veille, qu'il fallait laisser tout espoir. M'examinant avec minutie, je constatai que je traversais une période de démence. La direction de mon énervement ne me parut pas blâmable, mais seulement son intensité. Il faut avouer que la réussite de mon excursion dans la vie dépassait mes plus belles espérances; vraiment j'avais rajeuni ma puissance de sentir! Et malgré qu'une partie de moi-même, toujours un peu larmoyante, résistât, je m'amusai pendant quelques minutes d'être si parfaitement dupe de la duperie que j'avais méthodiquement organisée.

Le soleil gai courait de la mer bleue et argentée jusque dans ma chambre tout ouverte; mon chocolat embaumait; j'avais faim et je souriais. Profitant avec un grand sens de cet éclair d'énergie, je pris le train de Nice. De Nice à Monte-Carlo je suivis le côte à pied, dans une atmosphère légère qui me disposait aux sentiments fins. Je m'imposais:

1° De respirer avec sensualité;

2° De me convaincre qu'aucune des beautés soupirées par moi depuis trois semaines n'était en cette fille: «Je subis une querelle de mes rêves intimes; l'amour n'est qu'un domino qu'ils ont pris pour piquer ma curiosité. Mais, en vérité, je n'ai pas à me mépriser; personne n'a porté la main sur moi. Si je suis troublé, c'est moi seul qui me trouble.»

Je dînai abondamment, et malgré que cette heure (de six à neuf) soit lugubre au sentimental indisposé, je sortis du restaurant plus viril, un peu balloné et un cigare très curieux à la bouche.

L'excellent remède que l'orgueil quand on va s'émietter dans un désagrément! Je relève un peu la tête, je fais table rase de tout les menus souvenirs et je dis: «Quoi! des scénettes touchantes que je fabrique pour m'attendrir! vais-je m'empêtrer là dedans! Je suis centre des choses; elles me doivent obéir. Je mourrai fatalement, et, si j'en éprouve le besoin, je puis avancer cette date. En attendant, soyons un homme libre, pour jouir méthodiquement de la beauté de notre imagination.»

Les salles de jeu m'ont toujours ennuyé. J'ai pourtant tous les instincts du joueur. Si je m'intéressais à la politique, à la religion et aux querelles mondaines, j'embrasserais le parti du plus faible. C'est générosité naturelle; c'est aussi calcul de joueur: j'espérerais être récompensé au centuple. En outre, il m'arrive, quand je souffre un peu des nerfs, de désirer avec frénésie risquer ma vie à quelque chose: pour rien, pour l'orgueil de courir un grand risque. Mais mettre des louis sur le tapis vert, voilà qui n'intéresse pas la dixième partie de moi-même. Et si je perdais, tout mon être serait annihilé. Car sans argent, comment développer son imagination? Sans argent, plus d'*homme libre*.

Celui qui se laisse empoigner par ses instincts naturels est perdu. Il redevient inconscient; il perd la clairvoyance, tout au moins la libre direction de son mécanisme. Le joueur de Monte-Carlo est là pour se fouetter un peu les nerfs, pour son plaisir. Que la chance l'abandonne, c'est un homme qui ne possède plus et qui compromet ses plaisirs de demain.—Ainsi, j'allais à Paris faire une expérience sentimentale afin de me réveiller un peu (mettre quelque amertume dans mon bonheur trop fade). La chance a tourné, j'ai été pris. C'est que j'avais choisi une des loteries les plus grossières: l'amour pour un être! L'homme vraiment réfléchi ne joue qu'avec des abstractions; il se garde d'introduire dans ses combinaisons une femme ou un croupier de Monte-Carlo.

J'ai trempé dans l'humanité vulgaire; j'en ai souffert. Fuyons, rentrons dans l'artificiel. Si mes passions cabalent pour la vie, je suis assez expert à mécaniser mon âme pour les détourner. C'est une honte, ou du moins une fausse manoeuvre, qu'après tant d'inventions ingénieuses où je les ai distraites, elles m'imposent encore de ces drames communs, que je n'ai pas choisis, et qui ne présentent pas d'intérêt.

Sortons de ce Casino où des hommes, d'imagination certes, mais d'une imagination peu ornée, mes frères sans doute, mais de quel lit! cherchent comme moi réchauffement, et à ce jeu se brûlent. Je suis un joueur qui pipe les dés; désintéressé du résultat que je connais, j'ai l'esprit assez libre pour prendre plaisir aux plus minutieux détails de la partie. Plaisir un peu froid, mais exquis!

Oh! ces halles, ces filles, cette lourde chaleur! Quelle grossière salle d'attente, auprès du wagon léger dans lequel je traverserai la vie, prévenu de toutes les stations et considérant des paysages divers, sans qu'une goutte de sueur mouille mon front, qu'il faudrait couronner des plus délicates roses, si cet usage n'était pas théâtral!

Je repris le train de Cannes. Auprès de moi des officiers de marine causaient, et je fus frappé tout d'abord de leur simplicité, de la camaraderie enfantine de leurs propos. Je me rafraîchissais à les suivre. Naturellement ils bavardaient sur la roulette, avec ce ton de plaisanterie mathématique particulier aux élèves de Polytechnique ou de Navale:

—Puisque c'est le banquier qui finit par gagner, disaient-ils, plus vous divisez la somme que vous pouvez risquer, plus vous augmentez vos chances de perte. Le meilleur, c'est encore de risquer un gros coup, puis de s'éloigner.

Ah! l'admirable vérité, m'écriai-je entre Villefranche et Nice, dans les cahots du wagon, et comme cela confirme ma théorie! Dans la vie, la somme des maux, nul ne le conteste, est supérieure à celle des bonheurs. Plus vous aventurez de combinaisons pour gagner le bonheur, plus vous augmentez vos chances de pertes. Puisqu'il rentrait dans mon système d'aimer et d'être aimé, c'était bien de m'y risquer un jour; mais la sotte combinaison que de laisser ma mise sur le tapis pendant cinquante jours!

———————

Heureusement pour mes bonnes dispositions, je ne trouvai pas à l'hôtel de lettre de l'Objet.

Je pris une pilule d'opium, pour qu'une insomnie, toujours déprimante, ne vînt pas me désespérer à nouveau, et, à mon réveil, je me parus satisfaisant. Je sais d'ailleurs qu'il faut être indulgent aux convalescents, et ne pas trop demander à leurs forces trébuchantes.

Le lendemain, je partis pour m'aérer n'importe où.

———————

III

MÉDITATION SUR L'ANECDOTE D'AMOUR

Il ne faut pas que je me plaigne de cette déchéance subie durant quelques jours. L'humiliation m'est bonne, c'est la seule forme de douleur qui me pénètre et me baigne profondément. Le danger de mon machinisme, parfait à tant d'égards, est qu'il me dessèche.

Cette anecdote d'amour me sera pour plusieurs mois une source de sensibilité; elle me rappellera combien il est urgent que je me bâtisse un refuge. Et puis cette belle expérience que je viens de créer, je pourrai à mon loisir la répéter. Désormais je connais la voie pour être émoustillé, attendri, voire libidineux comme sont la plupart des hommes et des femmes.

Mon rêve fut toujours d'assimiler mon âme aux orgues mécaniques, et qu'elle me chantât les airs les plus variés à chaque fois qu'il me plairait de presser sur tel bouton. J'ai enrichi mon répertoire du chant de l'amour. Je ne pouvais guère m'en passer. La chose se fît très lestement. La période grossière, où l'on souffre vraiment, où l'on

115

jouit vraiment (et je ne sais, pour un esprit soucieux de voir clair, quel est de ces égarements le plus pénible!), je ne permis pas qu'elle durât plus de deux mois. Le plaisir ne commence que dans la mélancolie de se souvenir, quand les sourires, toujours si grossiers, sont épurés par la nuit qui déjà les remplit. Pour présenter quelques douceurs, il faut qu'un acte soit transformé en matière de pensée. J'ai activé les phénomènes ordinaires de la sensibilité. En trois semaines, d'une vulgaire anecdote je me suis fait un souvenir délicieux que je puis presser dans mes bras, mes soirs d'anémie, me lamentant par simple goût de mélancolique, craignant la vie, l'instinct, tout le péché originel qui s'agite en moi, et fortifiant l'univers personnel que je me suis construit pour y trouver la paix.

CHAPITRE XII

MES CONCLUSIONS

La règle de ma vie

Aujourd'hui j'habite un rêve fait d'élégance morale et de clairvoyance. La vulgarité même ne m'atteint pas, car assis au fond de mon palais lucide, je couvre le scandaleux murmure qui monte des autres vers moi par des airs variés, que mon âme me fournit à volonté.

J'ai renoncé à la solitude; je me suis décidé à bâtir au milieu du siècle, parce qu'il y a un certain nombre d'appétits qui ne peuvent se satisfaire que dans la vie active. Dans la solitude, ils m'embarrassent comme des soudards sans emploi. La partie basse de mon être, mécontente de son inaction, troublait parfois le meilleur de moi-même. Parmi les hommes je lui ai trouvé des joujoux, afin qu'elle me laisse la paix.

Ce fut la grande tristesse de Dieu de voir que ses anges, des émanations de lui-même, désertaient son paradis pour aimer les filles des hommes. J'ai trouvé un joint qui me permet de supporter sans amertume que des parties de moi-même inclinent vers des choses vulgaires. Je me suis morcelé en un grand nombre d'âmes. Aucune n'est une âme de défiance; elles se donnent à tous les sentiments qui les traversent. Les unes vont à l'église, les autres au mauvais lieu. Je ne déteste pas que des parties de moi s'abaissent quelquefois: il y a un plaisir mystique à contempler, du bas de l'humiliation, la vertu qu'on est digne d'atteindre; puis un esprit vraiment orné ne doit pas se distraire de ses préoccupations pour peser les vilenies qu'il commet au même moment. J'ai pris d'ailleurs cette garantie que mes diverses âmes ne se connaissent qu'en moi de sorte que n'ayant d'autre point de contact que ma clairvoyance qui les créa, elles ne peuvent cabaler ensemble. Qu'une d'elles compromette la sécurité du groupe et par ses excès risque d'entraîner la somme de mes âmes, toutes se ruent sur la réfractaire.

Après une courte lutte, elles l'ont vite maîtrisée; c'est ce qu'on a pu voir dans l'anecdote d'amour.

Vraiment, quand j'étais très jeune, sous l'oeil des Barbares et encore à Jersey, je me méfiais avec excès du monde extérieur. Il est repoussant, mais presque inoffensif. Comme l'onagre par le nez, il faut maîtriser les hommes en les empoignant par leur vanité. Avec un peu d'alcool et des viandes saignantes à ses repas, avec de l'argent dans ses poches, on peut supporter tous les contacts. Un danger bien plus grave, c'est, dans le monde intérieur, la stérilité et l'emballement! Aujourd'hui, ma grande préoccupation est d'éviter l'une et l'autre de ces maladresses. On connaît ma méthode: je tiens en main mon âme pour qu'elle ne butte pas, comme un vieux cheval qui sommeille en trottant, et je m'ingénie à lui procurer chaque jour de nouveaux frissons. On m'accordera que j'excelle à la ramener dès qu'elle se dérobe. Parfois je m'interromps pour m'adresser une prière:

O moi, univers dont je possède une vision, chaque jour plus claire, peuple qui m'obéit au doigt et à l'oeil ne crois pas que je te délaisse si je cesse désormais de noter les observations que ton développement m'inspire; mais l'intéressant, c'est de créer la méthode et de la vérifier dans ses premières applications. Somme sans cesse croissante d'âmes ardentes et méthodiques, je ne décrirai plus tes efforts; je me contenterai de faire connaître quelques-uns des rêves de bonheur les plus élégants que tu imagineras. Continuons toutefois à embellir et à agrandir notre être intime, tandis que nous roulerons parmi les traces extérieurs. Soyons convaincus que les actes n'ont aucune importance, car ils ne signifient nullement l'âme qui les a ordonnés et ne valent que par l'interprétation qu'elle leur donne.

Lettre à Simon

J'ai écrit dernièrement à Simon:

«Avec vous, lui dis-je, j'avais vécu dans l'Église Militante, faite de toutes les misères de l'Esprit molesté par la vie. Demeuré seul, j'ai projeté devant moi, par un effort considérable, ce pressentiment du meilleur que nous portions en nous; j'ai réalisé cette Église Triomphante que parfois nous entrevoyions; j'ai participé de ses joies. Rien de plus délicat que de se maintenir sur ce sommet de l'artificiel. Mes passions ont cabalé pour la vie.... Aussitôt mon âme me signalait leur insurrection, et, toute coalisée, les réduisait. Cependant j'avais glissé plus bas que jamais nous ne fûmes. Il faut que je remonte la série d'exercices spirituels qui nous avaient si fort embellis, mon cher ami.

«C'est une grande erreur de concevoir le bonheur comme un point fixe; il y a des méthodes, il n'y a pas de résultats. Les émotions que nous connûmes hier, déjà ne nous appartiennent plus. Les désirs, les ardeurs, les aspirations sont tout; le but rien. Je fus inconsidéré de croire que j'étais arrivé quelque part. Mieux averti, je vais recommencer nos curieuses expériences.

«Vous et moi, mon cher Simon, nous sommes de la petite race. Nos examens de conscience, les excursions que nous fîmes botte à botte hors du réel et l'assaut que je viens de subir ne me laissent pas en douter. Je ne veux pas me risquer à rien inventer; je veux m'en tenir à des émotions que j'aurai pesées à l'avance. Rien de plus dangereux que nos appétits naturels et notre instinct. Je les étoufferai sous les enthousiasmes artificiels se succédant sans intervalle.

«Ce système excellent pour l'individu serait, à la vérité, déplorable pour l'espèce. Les voluptueux de mon ordre demeurent stériles. Mais je ne crains pas que la masse des hommes m'imite jamais: il faut, pour garder la mesure que je prescris, un tact, une clairvoyance infinis.

«Vous le savez bien, Simon, s'il m'eût plu, j'étais un merveilleux instrument pour produire des phénomènes rares. Je penche quelquefois à me développer dans le sens de l'énervement; névropathe et délicat, j'aurais enregistré les plus menues disgrâces de la vie. Je pouvais aussi prétendre à la compréhension; j'ai un goût vif des passions les plus contradictoires. Enfin je suis doué pour la bonté; je me plais à plaire, je souris; en persévérant, j'aurais atteint à cette vertu royale, la charité. Mais décidément je ne m'enfermerai dans aucune spécialité; je me refuse à mes instincts, je dérangerai les projets de la Providence. Que mes vertus naturelles soient en moi un jardin fermé, une terre inculte! Je crains trop ces forces vives qui nous entraînent dans l'imprévu, et, pour des buts cachés, nous font participer à tous les chagrins vulgaires.

«Je vais jusqu'à penser que ce serait un bon système de vie de n'avoir pas de domicile, d'habiter n'importe où dans le monde. Un chez soi est comme un prolongement du passé; les émotions d'hier le tapissent. Mais, coupant sans cesse derrière moi, je veux que chaque matin la vie m'apparaisse neuve, et que toutes choses me soient un début.

«Mon cher ami, vous êtes entré dans une carrière régulière: vous utiliserez notre dédain, qui nous conduisit à Jersey, pour en faire de la morgue de haut personnage; notre clairvoyance, qui fit nos longues méditations, deviendra chez vous un scepticisme de bon ton; notre misanthropie, qui nous sépara, une distinction et une froideur justement estimées de ce monde sans déclamation où vous êtes appelé à réussir. Nul doute que vous n'arriviez à proscrire pour des raisons supérieures ce que le vulgaire proscrit, et à approuver ce qu'il sert. Certaines natures avec leur fine ironie s'accomodent à merveille, quoique pour des raisons très différentes, du vulgaire bon sens. Alors, assistant de loin au développement de ma carrière, si vous la voyez tourner à mille choses faciles que j'étais né pour mépriser toujours, ne vous étonnez pas. Croyez que je demeure celui que vous avez connu, mais poussé à un tel point que les attitudes mêmes que nous estimions jadis, je les dédaigne: car vis-à-vis des rêves que j'entrevois, un peu plus, un peu moins, c'est bien indifférent. Et ces rêves eux-mêmes n'ont pas grande importance, parce que je mourrai un jour, parce que je ne suis pas sûr que dans cette courte vie elle-même mon idéal d'aujourd'hui soit demain mon idéal, enfin parce que je sais n'avoir une idée claire qu'à de rares intervalles, au plus deux heures par jour dans mes bonnes périodes.—En conséquence, j'ai adopté cinq ou six doutes très vifs sur l'importance des parties les meilleures de mon Moi.

«L'évidente insignifiance de toutes les postures que prend l'élite au travers de l'ordre immuable des événements m'obsède. Je ne vois partout que gymnastique. Quoi que je fasse désormais, mon ami, jugez-moi d'après ce parti pris qui domine mes moindres actes.

Il est impossible que nous cessions de nous intéresser l'un à l'autre; il est probable cependant que nous cesserons de nous écrire. Cela ne vous blessera pas, mon cher Simon. Vous savez si je vous aime; en réalité, nous sommes frères, de lits différents, ajouterai-je, pour justifier certaines différences de nos âmes; nous avons une partie de notre Moi qui nous est commune à l'un et à l'autre; eh bien! c'est parce que je veux être étranger même à moi que je veux m'éloigner de vous. *Alienus!* Étranger au monde extérieur, étranger même à mon passé, étranger à mes instincts, connaissant seulement des émotions rapides que j'aurai choisies: véritablement Homme libre!»

———

Cette lettre écrite, je refléchis que ce désir d'être compris, ce besoin de me raconter, de trouver des esprits analogues au mien était encore une sujétion, un manque de confiance envers mon Moi. Et si je la fis tenir à Simon, c'est uniquement par esprit d'ordre, pour fermer la boucle de la première période de ma vie.

Avril 1887.

APPENDICE

NOTE

RÉPONSE A M. RENÉ DOUMIC

PAS DE VEAU GRAS!

Dans un article de la *Revue des Deux Mondes*, M. René Doumic dresse le «Bilan d'une génération», et voici comment il le résume: «Les beaux jours du dilettantisme sont définitivement passés. Le livre que M. Séailles consacrait naguère à Ernest Renan témoigne assez de cette espèce de colère contre l'idole de la veille. Les représentants les plus attitrés du pessimisme, de l'impressionnisme et de l'ironie ont abjuré leurs erreurs avec solennité. C'est M. Paul Bourget, de qui nous enregistrons aujourd'hui la nette et significative profession de foi. C'est M. Jules Lemaître, si habile jadis à ces balancements d'une pensée incertaine, et qui s'est ressaisi avec tant de vigueur et de courage. C'est M. Barrès, si empressé dans ses premiers livres à jeter le défi au bon sens et qui, dans son dernier, s'occupait à relever tous les autels qu'il avait brisés.»

M. Doumic me permettra de lui présenter ma protestation: je ne relève aucun autel que j'aie brisé et je n'abjure pas mes erreurs, car je ne les connais point. Je crois qu'avec plus de recul, M. Doumic trouvera dans mon oeuvre, non pas des contradictions, mais un développement; je crois qu'elle est vivifiée, sinon par la sèche logique de l'école, du moins par cette logique supérieure d'un arbre cherchant la lumière et cédant à sa nécessité intérieure.

Je m'explique là-dessus, parce que M. Doumic n'est pas le seul à me faire une réception d'enfant prodigue. D'autres me donnent des éloges dont s'embarrasse mon indignité. Eh! messieurs, mes erreurs, il s'en faut bien que je les «abjure», solennellement ou non: elles demeurent, toujours fécondes, à la racine de toutes mes vérités.

Si c'est mon illusion, elle est autorisée par tant de jeunes esprits qui m'ont gardé leur confiance, non parce que je les amusais (j'aime à croire que je suis un écrivain plutôt ennuyeux qu'amusant; on est prié d'aller rire ailleurs), mais parce que je les aidais à se connaître! Sans doute, mon petit monde créé par douze ans de propagande, par Simon, par Bérénice et par le chien velu, a été décimé par l'affaire Dreyfus. Je garde un souvenir aux amis perdus, mais notre première entente m'apparaît comme un malentendu; nous n'étions pas de même physiologie. Seuls les purs, après cette épreuve, sont demeurés. C'est pour le mieux. Ils reconnaissent que je n'ai jamais écrit qu'un livre: *Un Homme libre*, et qu'à vingt-quatre ans j'y indiquais tout ce que j'ai développé depuis, ne faisant dans *les Déracinés*, dans *la Terre et les Morts*, et dans cette *Vallée de la Moselle* (où j'ai peut-être mis le meilleur de moi-même), que donner plus de complexité aux motifs de mes premières et constantes opinions. Ils peuvent témoigner que, dans *la Cocarde*, en 1894, nous avons tracé avec une singulière vivacité, dont s'effrayaient peut-être tels amis d'aujourd'hui, tout le programme du «nationalisme» que, depuis longtemps, nous appelions par son nom.

Ce n'est pas nous qui avons changé, c'est l'«Affaire» qui a placé bien des esprits à un nouveau point de vue. «Tiens, disent-ils, Barrès a cessé de nous déplaire.» J'en suis profondément heureux, mais je ne fis que suivre mon chemin, et chaque année je portais la même couronne, les mêmes pensées sur une tombe en exil[3].

Sur quoi donc me fait-on querelle? Je n'allai point droit sur la vérité comme une flèche sur la cible. L'oiseau s'oriente, les arbres pour s'élever étagent leurs ramures, toute pensée procède par étapes. On ne m'a point trouvé comme une perle parfaite, quelque beau matin, entre deux écailles d'huître. Comme j'y aspirais dans *Sous l'oeil des Barbares* et dans *Un Homme libre*, je me fis une discipline en gardant mon indépendance. *Un Homme libre*, pauvre petit livre où ma jeunesse se vantait de son isolement! J'échappais à l'étouffement du collège, je me libérais, me délivrais l'âme, je prenais conscience de ma volonté. Ceux qui connaissent la jeune littérature française déclareront que ce livre eut des suites. Je me suis étendu, mais il demeure mon expression centrale. Si ma vue embrasse plus de choses, c'est pourtant du même point que je regarde. Et si l'*Homme libre* incita bien des jeunes gens à se différencier des *Barbares* (c'est-à-dire des étrangers), à reconnaître leur véritable nature, à faire de leur «âme» le meilleur emploi, c'est encore la même méthode que je leur propose quand je leur dis: «Constatez que vous êtes faits pour sentir en Lorrains, en Alsaciens, en Bretons, en Belges, en Juifs.»

Penser solitairement, c'est s'acheminer à penser solidairement[4]. Par nous, les déracinés se connaissent comme tels. Et c'est maintenant un problème social, de savoir si l'État leur fera les conditions nécessaires pour qu'ils reprennent racine et qu'ils se *nourrissent* selon leurs affinités.

Au fond le travail de mes idées se ramène à avoir reconnu que le moi individuel était tout supporté et alimenté par la société. Idée banale, capable cependant de féconder l'oeuvre d'un grand artiste et d'un homme d'action. Je ne suis ni celui-ci, ni celui-là, mais j'ai passé par les diverses étapes de cet acheminement vers le moi social; j'ai vécu les divers instants de cette conscience qui se forme. Et si vous voulez bien me suivre, vous distinguerez qu'il n'y a aucune opposition entre les diverses phases d'un développement si facile, si logique, irrésistible. Ce n'est qu'une lumière plus forte à mesure que le matin cède au midi.

On juge vite à Paris. On se fait une opinion sur une oeuvre d'après quelque formule qu'un homme d'esprit lance et que personne ne contrôle. J'ai publié trois volumes sous ce titre: «Le culte du Moi», ou, comme je disais encore: «La culture du Moi», et qui n'étaient au demeurant que des petits traités d'individualisme. Je crois que M. Doumic m'épargnera et s'épargnera volontiers des plaisanteries et des indignations sur l'égoïsme, sur la contemplation de soi-même, dont j'ai été encombré pendant une dizaine d'années. J'étais un fameux individualiste et j'en disais, sans gêne, les raisons. J'ai «appliqué à mes propres émotions la dialectique morale enseignée par les grands religieux, par les François de Sales et les Ignace de Loyola, et c'est toute la genèse de l'*Homme libre*» (Bourget); j'ai prêché le développement de la personnalité par une certaine discipline de méditations et d'analyses. Mon sentiment chaque jour plus profond de l'individu me contraignit de connaître comment la société le supporte. Un Napoléon lui-même, qu'est-ce donc, sinon un groupe innombrable d'événements et d'hommes? Et mon grand-père, soldat obscur de la Grande Armée, je sais bien qu'il est une partie constitutive de Napoléon, empereur et roi. Ayant longuement creusé l'idée du «Moi» avec la seule méthode des poètes et des mystiques, par l'observation intérieure, je descendis parmi des sables sans résistance jusqu'à trouver au fond et pour support la collectivité. Les étapes de cet acheminement, je les ai franchies dans la solitude morale. Ici l'école ne m'aida point. Je dois tout à cette logique supérieure d'un arbre cherchant la lumière et cédant avec une sincérité parfaite à sa nécessité intérieure. Donc, je le proclame: si je possède l'élément le plus intime et le plus noble de l'organisation sociale, à savoir le sentiment vivant de l'intérêt général, c'est pour avoir constaté que le «Moi», soumis à l'analyse un peu sérieusement, s'anéantit et ne laisse que la société dont il est l'éphémère produit. Voilà déjà qui nous rabat l'orgueil individuel. Mais le «Moi» s'anéantit d'une manière plus terrifiante encore si nous distinguons notre automatisme. Il est tel que la conscience plus ou moins vague que nous pouvons en prendre n'y change rien. Quelque chose d'éternel gît en nous, dont nous n'avons que l'usufruit, et cette jouissance même, nos morts nous la règlent. Tous les maîtres qui nous ont précédés et que j'ai tant aimés, et non seulement les Hugo, les Michelet, mais ceux qui font transition, les Taine et les Renan, croyaient à une raison indépendante existant en chacun de nous et qui nous permet d'approcher la vérité. L'individu, son intelligence, sa faculté de saisir les lois de l'univers! Il faut en rabattre. Nous ne sommes pas les maîtres des pensées qui naissent en nous. Elles sont des façons de réagir où se traduisent de très anciennes dispositions physiologiques. Selon le milieu où nous sommes plongés, nous élaborons des jugements et des raisonnements. Il n'y a pas d'idées personnelles; les idées même les plus rares, les jugements même les plus abstraits, les sophismes de la métaphysique la plus infatuée sont des façons de sentir générales et apparaissent nécessairement chez tous les êtres de même organisme assiégés par les mêmes images. Notre raison, cette reine enchaînée, nous oblige à placer nos pas sur les pas de nos prédécesseurs.

Dans cet excès d'humiliation, une magnifique douceur nous apaise, nous persuade d'accepter nos esclavages: c'est, si l'on veut bien comprendre, —et non pas seulement dire du bout des lèvres, mais se représenter d'une manière sensible,—que nous sommes le prolongement et la continuité de nos pères et mères.

C'est peu de dire que les morts pensent et parlent par nous; toute la suite des descendants ne fait qu'un même être. Sans doute, celui-ci, sous l'action de la vie ambiante, pourra montrer une plus grande complexité, mais elle ne le dénaturera pas. C'est comme un ordre architectural que l'on perfectionne: c'est toujours le même ordre. C'est comme une maison où l'on introduit d'autres dispositions: non seulement elle repose sur les mêmes assises, mais encore elle est faite des mêmes moellons, et c'est toujours la même maison. Celui qui se laisse pénétrer de ces certitudes abandonne la prétention de sentir mieux, de penser mieux, de vouloir mieux que son père et sa mère; il se dit; «Je suis eux-mêmes.»

De cette conscience, quelles conséquences, dans tous les ordres, il tirera! Quelle acceptation! Vous l'entrevoyez. C'est tout un vertige délicieux où l'individu se défait pour se ressaisir dans la famille, dans la race, dans la nation, dans des milliers d'années que n'annule pas le tombeau.

J'apprécie beaucoup une «lettre ouverte» que j'ai découpée dans le *Times*. A l'occasion d'une élection à la Chambre des communes, un M. Oswald John Simon, israélite et membre d'une association politique de Londres, écrit: «... Je suis tenu de déclarer ce qui suit pour le cas où j'entrerais dans la vie parlementaire: Si un conflit venait malheureusement à naître entre les obligations d'un Anglais et celles d'un juif, je suivrais la ligne de conduite qui paraîtrait en pareil cas naturelle à tout autre Anglais, c'est-à-dire que je suis ce que mes ancêtres ont été pendant des milliers d'années, plutôt que quelque chose qu'ils n'ont été que depuis le temps d'Olivier Cromwell.»

La belle lettre! Que la dernière phrase de ce juif est puissante! Elle révèle un homme élevé à une magnifique conscience de son énergie, des secrets de sa vie. Mais quand même cet Oswald John Simon n'aurait pas saisi et formulé la loi de sa destinée, cependant il obéirait à cette loi. Et nous tous, les plus réfléchis comme les plus instinctifs, nous sommes «ce que nos ancêtres ont été pendant des milliers d'années, plutôt que quelque chose qu'ils n'ont été que depuis le temps d'Olivier Cromwell». «Je dis au sépulcre: Vous serez mon père».

Parole abondante en sens magnifique! Je la recueille de l'Église dans son sublime office des Morts. Toutes mes pensées, tous mes actes essaimeront d'une belle prière, — effusion et méditation, — sur la terre de mes morts.

Les ancêtres que nous prolongeons ne nous transmettent intégralement l'héritage accumulé de leurs âmes que par la permanence de l'action terrienne. C'est en maintenant sous nos yeux l'horizon qui cerna leurs travaux, leurs félicités ou leurs ruines, que nous entendrons le mieux ce qui nous est permis ou défendu. De la campagne, en toute saison, s'élève le chant des morts. Un vent léger le porte et le disperse comme une senteur. Que son appel nous oriente! Le cri et le vol des oiseaux, la multiplicité des brins d'herbe, la ramure des arbres, les teintes changeantes du ciel et le silence des espaces nous rendent sensible, en tous lieux, la loi de l'éternelle décomposition; mais le climat, la végétation, chaque aspect, les plus humbles influences de notre pays natal nous révèlent et nous commandent notre destin propre, nous forcent d'accepter nos besoins, nos insuffisances, nos limites enfin et une discipline, car les morts auraient peu fait de nous donner la vie, si la terre devenue leur sépulcre ne nous conduisait aux lois de la vie.

Chacun de nos actes qui dément notre terre et nos morts nous enfonce dans un mensonge qui nous stérilise. Comment ne serait-ce point ainsi? En eux, je vivais depuis les commencements de l'être, et des conditions qui soutinrent ma vie obscure à travers les siècles, qui me prédestinèrent, me renseignent assurément mieux que les expériences où mon caprice a pu m'aventurer depuis une trentaine d'années.

Quand des libertins s'élevèrent au milieu de la France contre les vérités de la France éternelle, nous tous qui sentons bien ne pas exister seulement «depuis le temps d'Olivier Cromwell» nous dûmes nous précipiter. Que d'autres personnes se croient mieux cultivées pour avoir étouffé en elles la voix du sang et l'instinct du terroir; qu'elles prétendent se régler sur des lois qu'elles ont choisies délibérément et qui, fussent-elles très logiques, risquent de contrarier nos énergies profondes; quant à nous, pour nous sauver d'une stérile anarchie, nous voulons nous relier à notre terre et à nos morts. Je n'accourus pas «soutenir des autels que j'avais ébranlés», mais soutenir les autels qui font le piédestal de ce moi auquel j'avais rendu un culte préalable et nécessaire.

Les lecteurs et M. Doumic me pardonneront-ils de cette explication *pro domo*? Je ne mérite pas les reproches ni le veau gras que connut successivement l'enfant prodigue. Je n'ai aucun passé à renier. Nous avons voulu maintenir la maison de nos pères que les invités ébranlaient. Quand nous aurons remis ces derniers à leur place (l'anti-chambre,—en style plus noble, l'atrium des catéchumènes), nous reprendrons, chacun selon nos aptitudes, les divertissements où se plurent nos aïeux.

On ne peut pas toujours demeurer sous les armes et il y a d'autres expressions nationales que la propagande politique, bien qu'à cette minute je ne sache pas d'oeuvre plus utile et plus belle. Mais, après la victoire, nous ne penserons pas à nous interdire l'art total. «Ironie, pessimisme, symbolisme» (que dénonce M. Doumic), sont-ce là de si grands crimes? Nous serons ironistes, pessimistes, comme le furent quelques-uns des plus grands génies de notre race, nous verrons s'il n'y a pas moyen de tirer quelque chose de ces velléités de symbolisme que les critiques devraient aider et encourager, plutôt que bafouer,—et ce rôle d'excitateur, de conseiller, serait digne de M. Doumic,—car en vérité, comment pourrions-nous avoir confiance dans la destinée du pays et aider à son développement, si nous perdions le sentiment de notre propre activité et si nous nous décourageons de la manifester par ces spéculations littéraires, dont notre conduite présente démontre assez qu'on avait tort de se méfier?

(Scènes et Doctrines du Nationalisme.)

Sur le même thème, on peut voir *le 2 novembre en Lorraine,* dans *Amori et Dolori sacrum.*

———————————

Dans l'édition de 1899 le texte était suivi de la petite note suivante et gui était signée de l'éditeur:

> On y verra une âme agitée par l'espoir
> de l'enthousiasme, plus encore que par
> l'enthousiasme.
>
> (M. DE CUSTINE.)

Cette série de petits romans idéologiques, qui commence avec *Sous l'oeil des Barbares,* sera terminée par un troisième volume, *Qualis artifex pereo.* Le tout sera complété par un *Examen* de ces trois ouvrages.

Si les circonstances le permettent, il sera publié de ces livrets une édition avec des béquets pour vingt-cinq personnes.

L'auteur de ces petits miroirs de sincérité n'est pas disposé à s'en exagérer l'importance. C'est un culte qu'il rend à la partie de soi qui l'intéresse le plus à cette heure; dans la suite, il se découvrira peut-être des vertus supérieures. Il imagine volontiers quelques pages affectueuses et plus clairvoyantes encore «au cher souvenir de l'auteur de *Sous l'oeil des Barbares*». La conclusion même d'*Un Homme libre* l'autorise à présumer ainsi de son avenir, séduisant avenir d'ailleurs.

L'ouvrage d'abord annoncé sous le titre de Qualis artifex pereo *est devenu* le Jardin de Bérénice.

NOTES:

[1] Les *Débats* du 13 décembre 1890: *les Ironistes*, par Paul Desjardins.

[2] Voir à l'Appendice: *Une réponse à M. Doumic: Pas de veau gras*.

[3] Au cimetière d'Ixelles.—Voir la dédicace de l'*Appel au Soldat* à Jules Lemaître.

[4] C'est par je ne sais quel souvenir d'une assonance antithétique de Hugo que j'emploie ici ce mot de *solidarité*. On l'a gâté en y mettant ce qui dans le vocabulaire chrétien est *charité*. Toute relation entre ouvrier et patron est une solidarité. Cette solidarité n'implique nécessairement aucune «humanité», aucune «justice», et par exemple, au gros entrepreneur qui a transporté mille ouvriers sur les chantiers de Panama, elle ne commande pas qu'il soigne le terrassier devenu fiévreux; bien au contraire, si celui-ci désencombre rapidement par sa mort les hôpitaux de l'isthme, c'est bénéfice pour celui-là. Mais il fallait construire une morale, et voilà pourquoi on a faussé, en l'édulcorant, le sens du mot *solidarité*. Quand nous voudrons marquer ces sentiments instinctifs de sympathie par quoi des êtres, dans le temps aussi bien que dans l'espace, se reconnaissent, tendent à s'associer et à se combiner, je propose qu'on parle plutôt d'*affinités*. Le fait d'être de même race, de même famille, forme un déterminisme psychologique; c'est en ce sens que je prends le mot d'*affinités*—ou, parfois, d'*amitiés*.

FIN

Lightning Source UK Ltd.
Milton Keynes UK
UKHW010712310821
389774UK00001B/83